JN439736

나를 보는 나

양호인 수필집

교음사

| 작가의 말 |

『나를 보는 나』를 엮으며

글을 쓴다는 것은 어딘가에 숨어 있는 나를 찾아 떠나는 여행이다. 원초적 고향인 엄마의 배 속에서부터 시작된 나의 표상은 내 안의 전의식과 무의식을 만난다. 의식의 흐름이 내가 알지 못하는 곳에 열 지어 서 있었던 건 아닐까? 숨어 있던 의식은 굳이 꺼내지 않아도 어느 때, 어느 순간에 불쑥 세상 밖으로 나온다. 자판을 두드리는 톡톡거림으로 백지를 채워나가기도 하고, 하얀 종이 위로 새겨지는 연필심이 서걱이는 소리로 다가오기도 한다.

여름날 아득했던 기억 한 토막을 불러들이면 내 안의 어딘가에 숨어 있던 기억이 손끝으로 백지에 채워진다. 슬픔을 잔뜩 끌어안고 불려 나온 옛 기억은 오늘을 만나 아름다운 추억 한 자락으로 화려하게 변신하기도 하고, 내일을 향하는 갈림길에 서서 나를 돌아보는 나로 다시 태어나기도 한다.

글쓰기 시작한 지 어느새 10여 년, 그동안 내 글이 내 안의 나를 세상 밖으로 내보내기를 멈추지 않았다. 나만의 창고에 가두어 두었던 것을 불러내어 내 안의 것을 들여다보며 내가 알지 못했던 나를 본다.

글 쓰는 사람이 된 엄마를 좋아해 주는 아들네 가족이 있어서 참 좋다. 내 안에 숨어 있던 글솜씨를 꺼내게 해 주신 박영준 님께, 목요 글방에서 부족한 글을 읽으며 함께 공감해 준 문우들께 감사드린다. 글을 쓰는 동안 항상 칭찬과 격려로 내 글을 무럭무럭 자라게 해 주신 오경자 교수님께 진심으로 감사드린다. 아울러 이 책을 엮으며 항상 진심, 전력을 다해 주시는 교음사 강병욱 대표님, 류진 편집장님께도 진심으로 감사드린다.

2023년 3월 안암 서재에서

3. 나를 보는 나

4. 무밭의 파수꾼

5. 작은 반란

6. 파인더로 보는 세상

1

가을에 핀 라일락

가을에 핀 라일락

공항에 내려 집으로 가는 길, 가을 햇살이 유난히 빛났다. 차창 밖 들판엔 가을 햇살에 무르익은 벼가 아침 햇살을 받아 황금색으로 빛났다. 생전에 고생만 하다 가신 엄마, 그녀에게 상처만을 주고 가신 엄마였지만 마지막 가는 길은 들녁에 무르익은 벼 이삭처럼 찬란하길 간절히 원했다. 그녀가 할 수 있는 유일한 바람이었으니까.

창문을 열고 집안으로 들어섰다. 난데없는 향기가 온 집안을 감싸고 있었다. 아침 햇살을 가득 담은 베란다, 화분에 심어 놓은 라일락이 꽃을 피워 올렸다. 봄에 피는 라일락이 난데없이 꽃대를 올려 보라색 꽃을 피웠다. 온 집안에 라일락 향기가 그득하다. 그녀는 향기에 취했다. 가을 햇살을 봄 햇살로 잘못 알고 나왔는지 모르지만, 이 가을에 베란다에 피어난 라일락 향기가 그녀의 아픈 마음을 달래주기 위해 그녀의 엄마가 보낸 메시지 같았다.

엄마의 장례를 치르고 처음 만난 그녀의 이런저런 얘기를 들으며 친구의 마음을 어떻게도 위로해 줄 수 없었던 우리에게 그녀는 가을에 핀 라일락이 그녀의 마음을 진정시켜 주었다며 긴 한숨을 토해냈다.

글을 쓴다는 것, 수필을 쓴다는 것은 참 위대한 일이다. 그리고 조심스러운 일이다. 사실을 기록해야 한다는 의미에서 정직을 요구하고, 정직을 써야 하니 글 속의 진실로 인해 누군가가 아파하지 않아야 함은 당연하다. 「가을에 핀 라일락」이란 제목으로 쓴 내 글을 넣어 수필집을 출판하려고 했었다. 정말 아무 생각 없이. 원고를 정리하고 오타를 수정하고 여러 차례 교정을 거치면서 친구의 얘기를 쓴 이 글을 읽을 때마다 눈시울을 뜨겁게 했고, 정말 잘 써진 글이라 자평하기도 했다.

엄마의 장례를 지내고 오는 내내 저린 가슴이었을 친구에게 그녀의 베란다에 느닷없이 가을에 피워 올린 라일락은 그녀를 위로해 주었으니 이보다 더 좋은 일이 없다는 생각만 앞섰다. 내가 쓴 글이 그녀와 엄마의 인생 후반 서글픈 상황이 그려져 있다는 사실을 간과한 거다. 거기에 더하여 그녀만이 아니다. 엄마, 그리고 형제들의 상황까지 기록되어 있으니 훗날 그들에게 상처를 줄 수도 있겠다고 생각하지 못하였다.

더 중요한 것은, 그녀가 잊고 싶어서 친구인 내게 털어놓은 걸 글로 남겨 놓고 책으로 엮으려 했으니 잊고 싶어도 잊을 수 없게 만들어 버리고 말 뻔했다.

250여 페이지에 이르는 글을 정리하고 출판사에 넘겨주려다 문득 생각해냈다. 친구의 사생활 기록일 수 있으니 친구에게 허락을 구해야겠다고 생각해 냈다. 친구에게 카톡으로 글을 보냈다. "이 글을 책에 실으려고 하는데 괜찮아? 읽어보고 알려줘." 답신이 왔다. "애쓰게 쓴 글 사망 시킬 수 없지, 아! 저렇게도 산 사람도 있구나 하고 객관화하지 뭐 ㅎ" 역시 멋진 친구라고 생각했다. 내일 아침 출판사로 보내야겠다고 생각하며 책 제목도 이 제목으로 할까 고민하고 있었다. 한 시간 후쯤이다. 아무래도 마음에 걸려 다시 카톡을 보냈다. "조금이라도 마음에 걸리면 넣지 말라고 해도 괜찮아." "조금 생각해 볼게"라는 답을 듣고서야 깨달았다. 그녀에게는 절대 가벼울 수 없는 일이란 것을. 나는 참 어리석은 친구였다. 그걸 위로한답시고 쓴 글이라 여겨 책에 실을 생각까지 했다니. 다시 카톡을 보냈다. "친구야 생각하지 말아, 내 생각이 짧았어. 에너지도 모자란 데 괜한 고민 만들었네. 그냥 넣지 않을게." 그녀의 답은 "글 쓰는 동안 너의 온 기운을 내게 보내준 거, 그 기도 잊지 않을게. 봄 햇살 같은 따사로움에 조금 더 편안해짐에 감사해."

그녀는 내게 글 쓰는 사람이 가져야 할 자세를 일깨워 준 걸 알까? 무릇 글 쓰는 사람이 자세가 나는 물론이고 글 속의 누군가에 대한 배려가 있어야 함을 깨닫게 해 준 그녀에게 무한 감사하다. 자신의 개인사인데도 불구하고 글 쓰는 친구의 애씀을 간과할 수 없다며 허락해 준 친구의 마음 씀이 더욱 나를 뒤돌아보게 했음을 부인할 수 없다. 늦게라고 내 잘못됨을 깨닫게 해 준 SNS의 간략한 시스템도 한몫했으니 카카오에도 감사를 전해야 하나?

그렇게 친구의 이야기를 쓴 「가을에 핀 라일락」 원본은 내 보관함에서 잠을 재우게 되었다. 다시 쓴 이 글에 같은 제목을 붙인 건 아쉬움을 버리지 못한 내 작은 마음 탓이다.

집으로 돌아가는 그녀의 발걸음에 매달린 무거운 돌덩이를 어떤 것으로도 치워 줄 수 없었던 그녀의 엄마가 할 수 있는 일이 그밖에 없었으리라. 하나밖에 없는 딸의 아픈 마음을 무엇으로도 위로해 줄 수 없으니 봄에 피는 라일락이라도 가을 햇살로 피워 올려야 했으리라. 엄마의 마음이 격랑이 몰아치는 제주 바다까지 건너와 그녀의 베란다에 라일락 꽃을 피웠을 것 같다.

그녀의 베란다에 피워 올린 가을에 핀 라일락은 그녀뿐만 아니라 내게도 친구랑 사람들이랑 살아가는 법을 깨닫게 해 주었다.

가을에 핀 라일락의 화려한 자태에서 엄마의 얼굴을 본다.

2022. 8. 22

가을, 이즈음에

가을비가 추적추적 내린다.

내리는 비는 마지막 가을 귀퉁이에 매달린 단풍나무 잎에 붉은 열정을 더하여 가을을 더 도드라지게 한다. 이즈음이 되면 왜인지 모르게 꼭 비가 내리곤 한다. 가을의 문턱에 서서 가을 감이 아쉬워서일까? 비는 가을 단풍잎의 마지막 찬란함을 진한 물색으로 물들이며 내 마음에도 진한 물색 울림을 느끼게 한다.

보문 천변 은행나무 잎이 노랗게 물들면 그즈음엔 비가 온다. 그 천변으로 눈길을 돌리면 조그만 개천에 비에 젖은 억새와 잡풀, 벽을 따라 기어오른 담쟁이덩굴도 발갛게 물든다. 길섶에 초라한 모습으로 피어 있던 들국화가 꽃잎을 떨구고, 그 잎새마저 힘겨운 모습으로 그네를 탄다. 아마도 엄마 따라 산책 나온 강아지 마음도 붉고 노랗게 물들어가고 있을 것 같다. 산책길에 나선 강아지와 강아지 엄마의 마음이 추적거리는 비에 촉촉이 젖어

들기 시작하고, 노란 은행나무 잎새 하나가 땅으로 떨어지며 행인들의 발끝으로 스며든다. 촉촉해진 은행 나뭇잎이 소복이 쌓인 길을 걷던 행인들의 마음도 덩달아 촉촉해진다. 떨어진 은행 열매의 퀴퀴한 냄새가 강아지 코에 닿았는지 강아지 코가 벌름거린다.

어느 가을날, 천변에 노랗게 물든 은행나무를 바라보며 문득 파리의 센강을 떠올렸었다. 제2교를 미라보 다리라 칭하고 제3교를 퐁네프 다리라 칭하여 동료들에게 알려주며 그리 부르라 억지를 부리던 지난날이 떠오른다. 보문제2교의 수십 년 된 돌다리가 철근과 시멘트로 덮이던 날의 시린 기억과 함께 미라보 다리가 사라지고 억지로 갖다 붙인 퐁네프 다리만 덩그러니 남아 있다. 이 가을엔 보문천의 퐁네프 다리에도 '퐁네프의 연인들'이 무수히 지나간다.

가을 이즈음이 되면 개운산으로 오르는 소로길이 더없이 아름다워진다. 알프스 자락이나 에베레스트 자락에 엉거주춤 올라붙은 작은 마을들에서나 볼 법한 작은 길, 양옆으로 가을을 흠뻑 적신 나무들이 터널을 만든다. 자동차가 겨우 교행할 법한 작은 길에 어둠이 내리기 시작하면 불과 1킬로 남짓한 작은 길에 백열등 빛 가로등이 졸린 눈을 비비며 일어선다. 아쉬운 마음에 자동차의 속도를 최저로 내리고 라이트도 꺼 버리면 자동차가 엉금엉금 기어간다. 그 기어감의 시간이 너무 좋아 더더욱 속도를 늦추다 어느 눈치 없는 이가 울리는 경적에 깜짝 놀라 정신을 차린다. 어느새 눈앞에 day light 광이 눈부신 길 위이다. 그제야 아쉬운 마음을 접고 속도를 낸다. 자동차 바퀴에 놀란 단풍잎이 하늘을 향해 날아오르는 모습이 인상적인 그 길을 가을, 이즈음이 되어야 만날 수 있음은 참으로 아쉬운 일이다.

또 다른 가을 이즈음이 오면 다시 만날 그즈음의 가을을 위하여 오늘을 기다린다.

2019. 11. 15.

흠집

시간이 약이라는 말이 있다. 죽음을 생각할 정도로 아팠던 상처의 흠집도 세월이 흐르니 희미한 옛 추억이 되었다.

24년 만의 더위라는 무더위는 이미 20여 일이 지나고 있다. 이 무더위에 나의 애마인 자동차가 없었다면 생각만 해도 덥다. 그 폭염 속을 걸어 다녀야 한다면….

해마다 휴가의 절정, 무더위의 분기점이 된다는 광복절을 하루 앞둔 날이다. 외출 후 회사로 들어가는 골목길에서다. 매일 두세 차례 드나들던 골목길, 기역으로 회전해야 하는 곳이다. 양쪽으로 불법 주차한 자동차를 피해 진입하던 나는 그만 다른 자동차를 건드리고 만다. 사들인 지 두 달도 안 된 내 자동차 옆구리가 허옇게 흠집이 생기고 말았다. 상대 차도 모서리에 약간의 흠집이 생겼다. 그냥 가 버릴까 하다가 혹시 뺑소니로 몰릴 수 있다는 생각에 자동차에 있는 연락처로 전화를 걸었다. 우리 회사

건물에 입주해 있는 회사를 방문한 차였다며 거구의 차 주인이 도착했다. 미안하다는 나를 향해 약간의 위압적인 눈빛을 보낸다. 일단 미안하다고 사과한 후 자동차가 진입하는 곳임을 뻔히 알면서 이런 곳에 불법 주차를 하면 어떻게 하느냐고 조심스럽게 말을 건넸다. 내 차가 새 차임을 확인한 그도 미안했는지 약품으로 잘 닦으면 될 것 같다는 위로의 말도 전한다. 현관에서 만난 피해 차주에게 5만 원을 지불하고 사고는 일단락되었다. 그 무더위에 그것도 사고라고 처리하느라 신경이 쓰였는지 땀이 범벅이다. 엘리베이터를 타고 올라오는데 조금 억울한 생각이 불쑥 솟아올랐다. 그냥 모른 척 와 버릴 걸 그랬나 싶기도 하고, 바보같이 블랙박스나 확인하고 와 버려도 되는 건데 점점 억울한 생각이 고개를 들기 시작했다. 불법 주차까지 한 차인데 내가 너무 솔직히 대처했다는 생각이 들었다. 물론 비양심적인 일이긴 하지만. 이런 내 갈등이 우습긴 하다. 막상 그러지도 못할 거면서 늘 하는 후회 같지 않은 후회이다.

근무를 끝내고 물리치료를 받으러 갔다. 이 더위에도 아픔을 참을 길 없는 환자들이 많은지 병원은 항상 만원이다. 운동치료를 마치고 병상에 누워 물리치료를 받으면서도 머릿속에는 자동차 생각뿐이다. 나는 자동차만 사면 무슨 징크스가 있는 게 아닌가 싶기도 하다. 생각해 보니 자동차를 바꿀 때마다 3개월 이내에 새 차에 흠집을 내고 만 것 같다. 그것도 내 잘못으로 말이다. 처음 자동차는 코란도였다. 운전면허 취득한 지 십오 년이 지난 후 2일 정도의 시내 연수만을 마치고 끌고 나갔던 자동차이다. 수동변속기에 다리가 짧았던 나는 핸들 받침대에 무릎이 닿아 운전에 애를 먹인 차이기도 하다. 삼성동에서 P턴을 위해 골목으로 진입한 나는 우회전하려는 순간 직진하던 공장에서 나온 지 일주일밖에 안 된 봉고차를 문짝으로 살짝, 정말 살짝 받았다. 그 차는 아주 푹 찌그러지고 말았다. 불같이 화를 내는 상대방은 내 운전면허증을 보며 왜 그렇게 운전이 서투냐고 꾸지람이다. 운전한 지 3일밖에 안 됐다는 내 말에 어이가 없는지, 이해되었는지 조심하라며 갔다. 물론 수리비를 톡톡히 부담했지만.

두 번째는 승용차이다. 우리 집 주차장에서 나오다가 자동차 옆문을 벽면에 쓱 긁고 말았다. 아마도 출고한 지 한 달쯤 지나서였을 것이다. 얼마 후 아파트 주차장에서는 굴곡 반경을 시험하느라 문짝을 날린 적도 있다.

세 번째 자동차는 SUV 자동차이다. 지금은 제주에서 가끔 가는 나를 기다리는 애마다. 그 차도 출고한 지 한 달도 되지 않아 말끔한 허리에 생채기를 내고 말았다. 솔직히 말하면 아주 사소한, 누구에게 말하기조차 창피한 실수이다. 병원 주차장에서 나오다가 굴곡 반경이 모자랐던지 남의 차를 살짝 건드렸다. 앞뒤로 CCTV가 불을 켜고 지켜보고 있는 곳이기도 해서 꼼짝없이 30여 분을 기다려 상대방 차주에게 자초지종을 설명하니 솔직하고 양심적이라며 흔쾌히 용서해 주었다. 내 차는 약품으로 신나게 문질렀으나 약간의 자국이 아직도 남아 있는 채 제주도에 가 있다.

네 번째 자동차, 하얀색 자동차만을 타던 내가 처음으로 코발트 빛 유색 자동차를 샀다. 요즘 불자동차 메이커가 된 BMW에서도 이 색깔의 자동차가 많이 나왔다. 아파트 주차장에서 옆에 세워 놓고 비교해 보았더니 내 자동차 색이 훨씬 예쁘고 고급스러웠다. 외제 차를 사려다 말고 선택한 것을 다행이라 여기며 애지중지하는 차이다. 그런 자동차를 흠집 내고 말았으니 물리치료 시간이 편할 리가 없었다. 시간은 점점 지나 정비공장 문 닫을 시간이 임박해가고 있기에 치료를 다 마치지도 않고 바쁘다며 나왔다. 정비공장으로 직행했다. 내 설명을 들은 정비공장 김 부장님이 내 눈치를 보더니 슬며시 웃는다. 세 번째 자동차의 이런 모습을 보고 있는 셈이니 웃음이 날 만도 하다. 멋쩍어진 나는 아마도 북어 대가리가 그리웠던 모양이라며 에둘러 말을 돌렸다. 김 부장의 약품을 묻힌 손이 흠집 난 부분을 닦기 시작했다. 내 눈빛에 잔뜩 힘이 들어갔다. 조금씩 조금씩 흠집이 지워져 나갔다. 3분쯤 지났을까? 말끔해졌다. 내 코발트 빛 애마의 유려한 허리가 8월의 태양 빛을 받아 화려하게 반짝이기 시작했다. 김 부장의 “잘 지워졌네요, 다행입니다.” 하는 한마디에 나는 크게 허리를 굽혀 인사했다. 이건 90도짜리 인사로는 당치도 않다는 생각이 들었다. 아마도 110도는 되었을 것이다, 아니 120도였을까? 내 절을 받은 김 부장이 크게 웃었다. 핸들을 잡고 집으로 돌아오는 길, 내 손이 핸들 위에서 춤을 추었다. 고고, 디스코, 힙합 등등 모든 장르가 믹싱 된 신나는 손동작에 나도 모르게 엉덩이도 들썩들썩, 어깨도 들썩들썩, 육이오 난리는 난리도 아니라는 말을 이런 때 쓰는 것이리라. 아까의 그 아쉬움은 흔적도 없이 사라져 버렸다. 이 정도면 자동차에 대한 내 애정 표현이 지나친 편일까?

20대의 푸르고 풋풋했던 날, 그는 내가 자신을 사랑하지 않는다고 생각해서 떠났다고 했다. 사귀는 동안 한 번도 사랑한다고 말하지 않았다는 게 이유이다. 그걸 꼭 말로 해야 아느냐는 내 항변에 그는 아무 말도 하지 않았다. 그때 지금 내가 자동차에 보내는 관심처럼 마음 설레는 표현을 할 수 있었다면…. 글쎄, 알 수 없는 일이다.

자동차의 허리에 난 흠집처럼 희미해져 버린 옛사랑의 상처가 아련히 떠오름은 왜일까? 그는 내가 그런 낯간지러운 표현을 자동차 같은 종류에나 할 수 있는 사람임을 몰랐었던 거다.

2018. 8. 15.

달빛

찰밥을 한 번 먹을 만큼씩 나누어 담는다. 해마다 정월 대보름이면 연례행사처럼 하는 일이다. 어머니의 사랑이 담뿍 담긴 영양 찰밥과 아홉 가지 나물을 올해도 어김없이 봉지, 봉지 싸 주신다.

오곡밥 대신 지어 주시는 영양 찰밥과 갖은 나물, 예로부터 오곡밥은 세 집 이상 나누어 먹어야 그해 운이 좋다고 하였다. 취, 호박, 고비, 고사리, 가지, 시래기 등 갖은 나물은 진 채식이라고 하여 그 진 채식을 먹으면 그해 여름 더위를 먹지 않는다고 한다. 갖은 나물은 겨우내 모자랐을 비타민 섭취를 보충해 주는 역할까지 했던 선인들의 지혜가 담긴 음식이기도 하다.

약밥, 식혜, 수정과 등 갖가지 정월 대보름 음식을 마련하신 어머니는 때맞춰 먹으러 오지도 않는 자식들을 기다리시느라 사슴 목이 되기 일쑤이다.

정월 대보름달이 동녘 하늘에 두둥실 떠올랐다. 온 나라가 신종 코로나바이러스의 영향으로 창밖, 집 밖이 무서워진 날들이 계속되고 있으니 집 밖을 나서는 것도 조심스럽다. 달빛이 점점 더 푸르러지니 더는 지체할 수가 없다. 아직 추위가 제법 매서운 날씨인데도 아랑곳하지 않고 시린 달빛을 쳐다보며 기다리고 계실 어머니가 생각나서이다. 저녁 8시를 넘기니 시리고 푸른 달빛이 차창 밖에서 나를 앞질러 달려간다.

어느 겨울날, 늦은 하굣길을 밝게 비춰 주던 달빛이 생각났다. 자정이 다 되어가는 시간의 하굣길, 밝은 달빛은 유난히 차가웠다. 시린 손을 비비며 종종걸음치던 그 밤의 달빛이 더욱 차가워 보임은 막바지로 치닫고 있던 고교 시절, 내 가슴 속에 꿈꾸던 미래가 불안하고 불확실해서였을지도 모른다.

달빛이 교교히 스며드는 방으로 들어서면 이불 속에서 엄마가 슬며시 일어나신다. 엄마를 향해 짜증을 토해내던 그 밤, 아무 말 없이 안방으로 돌아가시는 엄마의 등 뒤로 쏟아지는 달빛이 유독 밝았던 건 철없는 딸의 어리석음을 나무라기 위해서였으리라.

어느 가을, 휘영청 높이 솟은 달빛이 창으로 쏟아져 들어오는 늦은 밤, 수줍은 동갑내기 친구가 할 말이 있다며 불러냈다. 친구는 밝은 달빛 속을 한참을 걸어가도 말을 꺼내지 못했다. 그 친구를 향해 짜증을 내며 돌아서던 날, 달빛이 유난히 높이 솟아올랐다. 아마도 달빛은 조무래기 친구가 갑자기 사내아이로 변하는 모습을 보여 주고 싶어서였는지도 모른다. 수십 년이 지나도록 그 밤, 그 친구가 한 행동의 의미를 알아채지 못한 건 둔감한 나의 감성 탓일 거다. 아니 몇 안 되는 조무래기 친구가 사내가 되는 것을 외면하고 싶은 내 마음의 소산이었는지 모르겠다.

달빛이 하얗게 쏟아지는 정월 대보름 밤, 어머니의 사랑이 담뿍 담긴 찰밥과 나물을 먹으니 진한 보약이 되어 온몸으로 퍼진다.

쏟아지는 달빛 아래 내 청춘의 따뜻하고, 시린 기억이 되살아나 내 가슴에 잔잔한 파문이 일기 시작한다. 이 파문이 내 마음을 따뜻하게 덥혀 온다.

2020. 2. 9.

순례길

「같이 걸을까?」 모 방송에서 방영하는 산티아고 순례길 걷기 프로그램이다. 데뷔한 지 20년이 된 그룹 god 멤버들이 함께 산티아고 순례에 나섰다. 산 위에 있는 철 십자상을 향해 16킬로를 걸어간다. 건장한 청년들인 그들은 발가락에 물집이 생기고, 허리가 아프고 다리가 아파도 함께 걷는 즐거움을 공유하며 걸어간다. 고난의 길일지라도 함께 함이 있고 목표가 있기에 그들이 가고 있는 그 길에 열정과 삶의 진한 향이 묻어난다. 부럽다. 나도 가고 싶다. 갈 수 있을까?

목요일 오후, 수필 공부를 마치고 울진으로 떠났다. 금강소나무 숲길 걷기에 도전했다. 창밖은 온통 가을빛 천지이다. 파란 하늘에 오색으로 물든 산야, 이 아름다움은 해마다 내 마음을 설레게 한다. 쭉 뻗은 중앙고속도로를 달려 해거름이 산허리를 돌고 있을 무렵 울진면 소광리에 도착했다. 캐나다의 오지, 유콘주에 갔을 때처럼 우리나라 어디를 가도 흔하디흔하던 편의점도 카페도, 음식점도 없는 곳이다. 저녁노을에 물든 산허리에 둘러 싸인 마을은 고요하다.

울진 금강소나무 숲길 3-1코스, 이 코스는 대왕 송을 맞이하러 가기 위해 정한 나의 시험 코스이다. 제일 가벼운 코스로 약 9킬로 정도이고 4시간이 소요된다는 설명이다. 이 정도쯤이야 할 수 있겠다 싶어 정한 코스이다. 허름한 민박집, 따끈한 방에서 잠을 청하였지만, 침대에 익숙해진 친구와 나는 얄팍한 깔개 탓에 밤새 뒤척거리다 잠이 깨었다. 새벽 5시경의 하늘은 맑은 하늘에 별이 송송이다. 아마도 비 님은 우리를 위해 비켜 갈 모양이라며 새벽 수다가 이어졌다. 여섯 시가 조금 지나자 갑자기 하늘이 어두워지더니 7시쯤부터 비가 오기 시작한다. 하느님이 배신했다며 볼멘 투정을 해 보지만 비는 점점 더 굵어진다. 빗길을 십여 분 달려 도착한 출발지 소광리 336번지, 산허리에는 안개가 얄궂은 낯을 내민다. 게시판에는 우천 시 취소될 수 있다고 적혀 있다. 다행히 담당 해설사는 비가 와도 취소는 없다며 출발 준비를 서두른다. 빗줄기가 조금 가늘어지긴 하였지만, 우비에 모자까지 만반의 준비를 하고 길을 떠났다.

고대국가 형성기에 삼척에 있던 실직국의 안일왕(安逸王)이 보부천에 주둔하였는데, 당시 신라 호위국의 후진 소부대가 주둔한 곳이라 하여 '저근터'라 하였다. 신라는 실직국의 침공을 받아 분전하였으나 패주한 혈전의 전적지라 전해오고 있는 곳이다.[1)]

또 땅에 물기가 많다고 하여 '저진터재'라 부르기도 하는 곳이 첫 번째 목적지이다.

얼마 오르지 않아 비는 그쳤다. 하느님은 역시 내 편이다. 사진을 찍으러 가든 산행하러 가든 비가 온다고 포기할 내가 아님을 아실 것이라 믿어 의심치 않는다. 계획한 대로 무조건 떠나는 편인 나를 언제나 실망하게 하지 않으시니 아직은 내가 버림받은 딸은 아닌가 보다고 여긴다. 아닐까?

우비도 벗어버리고 가벼운 몸으로 산을 오른다. 고대국가 때부터 1960년대 울진, 삼척 간첩 사건이 있을 때까지 보부상들이 드나들던 길이라 하니 삶의 숨결이 진하게 묻어 있는 곳이기도 하다. 슬금슬금 가파른 고갯마루가 막아선다. 가쁜 숨을 몰아쉬며 오르고 나면 내리막길이 있고, 다시 오르막길이다. 힘겹게 가는 길이지만 주변은 온통 가을 일색이다. 계곡을 따라 흐르는 물소리, 아침나절 내린 비에 젖은 낙엽 길은 마치 오색의 융단을 깔아 놓은 듯, 발을 놓기가 미안할 정도이다. 나도 모르게 가을 노래가 흥얼거려진다. "가을이라 가을바람 솔솔 불어오니" 같이 가던 친구의 "더 크게" 하는 소리에 깜짝 놀라니 낯선 동행인이 웃으며 "네, 크게 하세요" 한다.

가파른 고갯마루에 올라서니 저진재이다. 다시 내리막길, 그리고 오르막길에 너삼밭재이다. 재를 오르내리는 동안 머릿속에는 지난 60년의 인생사가 오르내린다. 그 재를 지나 내려오니 대왕

---

1) www.naver.com 참조.

소나무가 있다는 4코스의 출발지이다. 해설사의 설명을 열심히 듣는다. 대왕 송을 보기 위해 다음에 올 코스이다. 3-1코스를 70프로는 걸었다니 조금만 더 가면 된다.

다시 접어든 산길엔 아름드리 소나무가 즐비하다. 소나무는 양수 식물로 햇빛을 보아야 하므로 경쟁하며 키를 키운다고 한다. 소나무 군락지에 있는 소나무들은 5~60년을 서로 키를 키우느라 일자로 쭉쭉 하늘을 향해 키우다 보니 미인송이 되었다. 키가 다 자란 소나무는 그제야 가지를 벌리기 시작한다는 것이다. 반면 혼자 있는 소나무는 햇볕을 듬뿍 받으니 키를 키울 필요가 없어 가지를 이리저리 벌리고 구부리며 자신의 모양을 가꾸게 되니, 어느 날 쥐도 새도 모르게 어느 집 정원수 신세가 되어 버린다고 한다. 그러니 나무나 사람이나 자기 삶을 지키는 일이 만만치 않음을 실감한다. 그곳의 아름드리 소나무들은 일제 강점기 때 송진을 채취하기 위해 허리가 파내어진 모습도 볼 수 있었다. 일제 강점기에는 비행기 연료로, 해방 후에는 화장품 원료로 자신이 몸을 내어 주느라 생긴 생채기를 안고 수백 년을 살아가고 있는 그네들(금강송)의 눈에 그곳을 지나가는 우리를 보는 시선이 곱지 않겠다는 생각이 들었다. 그래도 그들은 여전히 우리를 위해 피톤치드를 뿜어내고 있으니 불현듯 오른뺨을 때리거든 왼뺨도 내어 주라는 성경 구절을 떠올리게 한다.

4시간여의 금강송 숲길 걷기를 마치자 배가 등허리에 붙어 버렸다. 해설사의 뒤를 따르느라 잰걸음을 친 탓에 기진맥진이다.

마을에서 공동 운영한다는 식당에서 든든히 밥을 챙겨 먹으니 그제야 허리가 펴진다. 다시 비가 조금씩 내리기 시작한다. 역시 우린 행운아라며 친구랑 둘이 우쭐대어 본다. 서울을 향해 액셀러레이터를 밟았다. 안개 낀 고속도로는 양옆으로 가을 색 보초를 세우고 있다.

고대국가 때부터 보부상들이 다니던 길이라는 금강송 소나무 숲길, 산티아고 순례길 못지않은 역사와 삶이 있는 곳, 그곳에서 우린 그렇게 500년 이상을 살아내고 있다는 대왕 송을 만나기 위한 순례를 시작했다.

돌아오는 자동차 안, 내 친구 M은 자신의 이야기를 주섬주섬 털어놓기 시작했다. M이 숨겨 놓았던 아픔이 세상 밖으로 나올 수 있었음은 아마도 그곳이 보부상의 순례길이어서인지도 모른다. 한참을 풀어 놓던 지난날의 사연이 그녀의 가슴 속에서 살그머니 빠져나와 가을비가 내리는 산속으로 흩어진다. 산티아고 순례자들의 그것처럼 많은 사연과 아픔을 지녔던 우리네 삶이 가을날의 단풍처럼 화려하게 변하며 우리의 삶 속으로 녹아든다. 이제는 말할 수 있는 모든 사연은 가을 산에 내려앉은 단풍잎처럼 우리의 삶에 자양분이 되어 남아 있을 것이다.

단풍이 오색영롱하게 물든 가을 산, 같이 걸었던 금강소나무 숲길에서 우리는 인생 2막의 순례를 다시 시작한다. 그네들, god가 걷는 순례길보다 더 빛나는 순례길이 될 것을 느낀다.

2018. 10. 27.

때

눈이 내린다. 이맘때면 오던 봄을 시샘하는지 눈이 내리곤 한다. 음력 일월의 끝자락이 마지막 겨울을 붙잡고 눈발을 불러들인다. 내리는 눈은 지표면에 닿는 순간 녹아버리지만 그래도 여전히 눈은 내린다.

아버지가 돌아가시던 날, 안방에서 할머니의 통곡 소리가 들리고 엄마의 눈시울을 빨갛게 타오르게 하던 속울음이 기억난다. 내 나이 여덟 살, 충분히 기억해낼 만도 한데 내 기억의 창고에 아버지의 모습은 존재하지 않는다. 아주 짧은 순간들, 한겨울날 마루 한가운데 화롯불에 댕유지[1]에 꿀을 넣고 따끈하게 끓여 주시던 모습, 그마저도 얼굴은 보이지 않는다. 그래서 이맘때 아버지의 제삿날의 내 마음은 슬픈 건지, 외로운 건지, 원망스러운 건지 잘 모른다. 매년 그날이 되면 눈이 내리거나 비바람이 거칠

1) 제주도 토종 귤의 일종으로 감기 등에 효험이 있다고 알려져 있다. 지금의 한라봉 모양으로 크고 투박하다.

었던 기억뿐.

40년이 넘었다는 아카시아의 가느다랗고 노쇠한 팔뚝에 눈이 쌓이기 시작한다. 움 돋을 준비를 하던 매화나무 숨구멍이 기겁하고 도망친다.

그제, 십 년 이상 인연을 맺어 온 지인이 숨을 거두고 말았다. 급작스레 닥친 일이라 황망하고 가슴이 먹먹하다. 십수 년을 일 년에 한두 번씩 찾아뵙기도 하고 안부를 묻기도 하던 고마운 분이시다. 두어 달 전 아프다는 말을 듣고는 찾아뵈어야겠다고 마음을 먹었지만, 이래저래, 차일피일하던 차였다. 동해 출사에서 돌아오는 길, 단체 카톡에 올라온 부고 '이OO 교수 본인상'이란 문구를 보는 순간 가슴이 먹먹해져 버리고 말았다. 무어라 형언할 수 없는 감정과 후회가 물밀듯이 몰려와 가슴을 메워버린다. 아직은 현직에서 은퇴하지도 않은 분이시니 때가 되지 않음은 분명하지 않은가. 아무리 하늘나라 가는 길이 순서가 없다지만 이건 너무한 경우이다.

"때!" "때!"
누군가를 찾아보아야 할 때.
누군가에게 무언가를 전해야 할 때.
추워져야 할 때.
따뜻해져야 할 때.

봄, 여름, 가을, 그리고 겨울이 와야 할 때를 정확히 알 수 있다면. 사랑하는 마음을, 존경하는 마음을 전해야 할 때를 알 수 있었다면, 그분의 마음을 쓸쓸하지 않게, 병이 들어 더욱 외로웠을 그분의 마음을 아프지 않게 해 드릴 수 있었을 것을. 일상이 바빠서, 코로나19로 병원 방문이 여의찮아서, 이 모두 그저 자기 합리화를 위한 얄팍한 핑계일 뿐이다. 그저 내 마음이 모자라서, 내 덕이 모자라서일 뿐이다.

눈 오는 겨울 아니, 봄인가? 영면에 드신 그분의 장례식장에도 눈이 내리겠지.

때늦은 눈발이 그분의 하늘나라 가심이 애달파 슬프게 흩날린다.

樹欲靜而風不止(수욕정이풍부지)

子欲養而親不待(자욕양이친부대)

나무가 고요 하고자 하나 바람이 그치지 않고

자식이 봉양하고자 하나 부모는 기다려주지 않는다.

이 글이 어찌 부모에게만 국한된 글일 수 있으랴.

2020. 2. 16.

반지의 제왕

2002년 월드컵 신화를 이룬 축구팀원 안정환은 골을 넣은 후 약혼반지에 키스하는 세레모니로 반지의 제왕이 되었다. 그는 아직도 반지의 제왕으로 살아간다.

53년 만의 최장기간이라는 장마는 여전히 계속되고 있다. 일주일 후면 그칠 것이라는 기상청의 예보가 있긴 하지만, 글쎄?

손주가 태어난 지 백 일이 다 되도록 얼굴도 제대로 보지 못한 녀석을 제 부모가 보내주는 사진으로만 얼굴을 익혔으니 할머니 자격이 있나 싶다. 코로나19 핑계를 대긴 하지만 사실 성의 부족인 셈이니 더 변명할 여지도 없다.

백일상을 차린다는 최후통첩을 받고서야 포항행을 결심했다. 금요일 새벽쯤 출발해서 포항 근처 바닷가에서 사진도 찍어볼 심산이었지만, 장마가 계속되니 물에 푹 불린 산이며, 구릉지가 모두 위험인자가 되어버렸다. 장거리 운전 중 행여 흙더미가 밀려 내려와 도로가 막히기라도 하면 어쩌나 하는 쓸데없는 걱정까지 하게 되니 그도 포기해 버렸다. 결론은 기차 타고 가는 것으로 정했다. 애들한테 혹시나 코로나에 걸릴까 무서우니 KF94 마스크를 벗지 않으리라 굳게 다짐도 했다. 할미가 자칭 사진작가이나 백일 사진을 찍어줘야 함은 당연한 일, 카메라와 읽고 있는 대하소설 『화산도』 8권이 든 가방을 둘러맸다. 카키색 보조 가방도 챙겼다.

비가 쏟아지는 거리로 나섰다. 초록색 04번 마을버스를 탔다. 아침 7시 25분쯤 신설동 전철역이다. 전철을 이용하여 서울역으로 가면 아주 적당한 시간에 맞춰 ktx가 안전하게 두 시간 반을 달려 포항에 내려줄 것이다. 이렇게 간편하고 빠르게 갈 수 있는 곳을 코로나19라는 불청객 때문에 백여 일이 지나도록 갈 수 없게 만들어 버렸으니 한편 야속하기도 하고, 그 핑계를 대고야 마는 나를 자책하기도 한다.

잠깐이라도 책을 좀 보려고 가방을 열었다. 한쪽 어깨가 몹시 허전함을 느꼈다. "어? 무언가 없다. 뭐지?" 1분, 2분…. 머릿속이 텅 빈 듯하다. 지고 있던 가방을 뒤졌다. 없다. 어머니가 챙겨 준 백일 반지도 없고, 친구가 챙겨 준 인형도, 아이들 용품의 천국이라는 핀란드산 컵과 쟁반 등도 없다. 보조 가방에 챙겨 넣고 집에 두고 왔는지 마을버스에 두고 내렸는지조차 기억이 없다. 머릿속도, 눈앞도 잠깐 한밤중이 되고 만다. 불을 켜야 했다. 형광등이든 백열등이든 가릴 새가 없다. 무슨 불이든 켜야 이 난

관을 헤쳐나갈 수 있을 것 같았다. 무슨 등이 켜졌는지 알 수 없다.

그냥 나는 서울역으로 향하고 있었다. 몸이 움직이기 시작했다. 서울역에 도착한 후 우선 기차표를 1시간 30분 후로 바꿨다. 서울역 광장으로 나오니 비는 더 거세어졌다. 택시를 타고 집으로 향했다. 보조 가방이 도대체 어디에 있는지 기억이 나지 않으니 처음부터 가 볼 수밖에. 사랑하는 이들이 준 선물을 어디에 둔 지도 모른 채 백일을 맞은 손주 녀석을 볼 용기가 나지 않았기 때문이다. 택시 기사에게 사정 이야기를 하며 대기해 달라고 부탁했다. 그럴 때일수록 천천히 침착하게 행동해야 한다며 차는 아주 천천히 간다. 남이 속은 타들어 가는 줄도 모르고. 서두르다 다치기라도 하면 돈도 잃고 건강도 잃는다는 말까지 하니 항변할 수도 없다. 딴은 모두 맞는 말이긴 하다.

애써 나를 진정시키며 집으로 들어갔다. 보조 가방은 고사하고 텅 빈 거실만 빙그레 웃는다. 기사 아저씨 말처럼 천천히 내려가려고 애썼다. 때맞춰 엘리베이터까지 고장이다. 다시 택시를 타고 차고지로 향했다. 차고지는 04번이 아닌 01번 버스 차고지였다. 휴일이니 차고지는 전화도 안 되고, 비는 억수같이 쏟아진다. 이런 걸 가리켜 억수장마라 하는 거라는 걸 그때 깨달았다. 억수장마가 오죽 힘들었으면 우리의 고전 아리랑에까지 등장했을까 싶은 생각이 들었다. 먹먹한 가슴으로 빗줄기가 파고든다. 하늘은 온통 시커먼 숯과 같다. 내 가슴도 숯처럼 까맣게 타들어 간다. 다시 빗속을 달려 04번 버스 차고지로 향했다. 5분쯤 달리다 생각해보니 04번 버스 기사에게 물어보면 되겠다고 생각해 냈다. 기특하다. 제일 가까운 04번 버스정류장으로 차를 돌리라고 했다. 마침 정류장에는 04번 버스가 대기하고 있었다. 얼른 올랐다. 다짜고짜로 제가 이러이러한 가방을 7시 25분쯤 신설동역에서 두고 내렸다며 알아봐 주실 것을 부탁드렸다.

세계 1위의 통신서비스를 자랑하는 국가 맞다. 무전기로 기사들을 연결하니 금방 실시간 통화가 이루어졌다. 다행히 카키색 화장품 가방을 보관하고 있다는 전언이다. 냉가슴으로 잔뜩 쪼그라들었던 가슴이 활짝 펴지기 시작했다. 그 정류장에서 20분쯤 기다리면 된다는 기사님의 얘기는 천상의 아리아 같았다. 택시 기사 아저씨도 같이 기뻐한다. 20여 분을 기다리는 동안 하늘엔 먹구름이 걷히고 있었다. 우산을 접었다. 가랑비가 조금씩 내렸다. 얼굴로 내려앉는 약간의 빗물이 가뭄에 단비처럼 마음도 촉촉이 적셔 온다. 6408호 차가 눈앞에 나타났다. 얼른 올랐다. 아저씨가 빙그레 웃으시며 가방을 들어 보인다. 감사하다며 얼른 받았다. 가방 안을 얼른 들여다봤다. 금반지도, 인형도, 예쁜 그릇도 얌전히 나를 기다린다. 아저씨가 중요한 거 들었냐며 묻는다. “네, 우리 손주 녀석 금반지 들었어요.” 했다. 활짝 웃으시며 “네? 그런 줄 알았으면 없다 그럴 걸 그랬네요.” 하신다.

서울역으로 향한다. 백 일 동안 실물 영접도 못 한 손주 녀석 때문에 벌인 법석이 슬며시 가슴속으로 스며든다. 그 녀석이 앞으로는 평안히 살 팔자인가 싶다. 선물을 받기도 전에 사고를 다 치렀으니 당연한 일 아닌가.

아마도 손주 녀석이 이 반지를 끼게 되면 반지의 제왕이 되고 말 것이다. 「니벨룽겐의 반지」의 지크프리트처럼 강건하게, 안정환의 세레모니처럼 사랑을 담뿍 안은 모습으로 평생 살아가게 되리라.

장마가 끝난 후 비 갠 오후의 화창한 날들이 우리를 기다리고 있으니 걱정이 없다.

2020. 8. 9.

그거면 다 좋다

음력 삼월 삼일, 며느리 생일이다. 포항에 사는 아들네 식구를 본 지 두어 달이 지난 것 같다. 멀리 있으니 생일상을 차려주지도 못한다. 그저 축하 전화나 하고 선물이나 챙겨주는 정도에 그치고 말게 되어 미안한 마음이 든다.

한 해의 봄을 알린다는 삼짇날에 태어난 그 아이가 우리 가족이 된 지 벌써 5년이 넘었다. 예쁜 손녀딸을 낳아 잘 키우고 있고 아직은 싸움 끝에 친정 간다, 시댁 간다는 소리도 없으니 그만하면 잘살고 있는 셈이다.

예로부터 삼짇날은 봄을 알리는 명절이라고 하고, 강남 갔던 제비도 돌아온다고 한다. 뱀이 동면에서 깨어나 나오기 시작하는 날이기도 하고, 나비나 새도 나타나기 시작하는데, 경북 지방에서는 이날 뱀을 보면 운수가 좋다고 한다. 또 이날 장을 담그면 맛이 좋다고 하며, 집 안 수리를 하기도 하고, 농경제(農耕祭)를 행함으로써 풍년을 기원하기도 한다. 이런 길일에 태어났으니 당연히 평안함과 행복함을 한가득 안고 태어났겠지, 싶다.

두어 달 전 아들네 집에 갔을 때의 일이다. 지하 주차장에 차가 들어왔다고 홈 인터폰에 메시지가 울리면 손녀는 잘하지도 못하는 말로 아빠가 왔다며 쪼르르 달려나간다. 현관문을 열고 들어서는 아빠 품을 향해 달려나가는 예쁘고 귀여운 딸, 그 예쁜 딸을 키운 엄마의 화사한 미소가 남편을 향하는 곳, 그런 가정을 이룬 아들이 자랑스럽고 사랑스럽다. 일하는 엄마 덕에 할머니 손에서 자라느라 외로웠을 어린 아들이 안타까웠던 엄마의 마음은 그런 아들을 따뜻하게 지켜주는 며느리가 점점 더 사랑스러워진다.

팡팡 뛰며 놀다가도 오랜만에 보는 할머니 품으로 달려와 안기는 손녀가 더없이 사랑스럽다. 그런 가정을 꾸려나가는 아들 내외의 가정이 행복한 꿀이 철철 넘쳐 보여서 좋다. '그거면 나는 다 좋다'가 절로 나온다. 좋아도 너무 좋다.

'자네의 시작은 보잘것없었지만, 자네의 앞날은 크게 번창할 것이네.[1)]'라는 욥기의 성경 구절이 생각남은 우리 아이들의 미래에 대한 확신이 들기 때문이다.

전 세계가 코로나19의 광풍으로 몸살을 앓고, 사람들의 시계도, 마음도 모두 움츠러들게 하는 요즘이지만 오늘만은 우리 아이들이 멋진 생일날을 보냈으면 좋겠다.

---

1) 욥기 8장 2~7절, 공동번역성서

혹시 아는가? 삼월 삼짇날에 태어난 우리 며느리가 새봄의 기운을 한껏 일으켜 세워 코로나19의 기운을 누르게 될지.

두어 달 후면 태어날 둘째 아이가 또 새로운 기운을 몰고 와서 그 아이들의 가정에 새로운 봄기운으로 가득 채워주게 되리라. 그렇게 되고 말 것이다. 오늘 생일을 맞는 내 며느리의 봄기운이 그렇게 되게 하고 말 것이다.

그렇게만 된다면 '그거면 다 좋다'가 절로 나와 덩실덩실 춤을 출 수 있으련만.

아아! 코로나19여 제발 이 봄기운에, 우리 며느리의 기운에 물러가다오.

나도 이제 그거면 다 좋으니.

2020. 3. 26.

속 빨간 무

가을걷이가 끝난 강화도 나들이이다. 달마다 한 번씩인 나들이가 이번은 좀 다르게 느껴진다. 고려산 백련사, 삼국시대 인도의 한 승려가 우리나라에 들어와 절터를 물색하다가 강화도 고려산에 이르렀다. 산정에서 다섯 가지 색깔의 연꽃이 만발한 연지를 발견한 승려는 다섯 종류의 연꽃을 꺾어서 공중으로 날리고 그 연꽃이 떨어지는 곳마다 절을 세워 청련사, 황령사, 적련사(적석사), 흑련사라 칭하였다. 흰 연꽃이 떨어진 곳을 백련사라 하였다고 한다.

수천 년 세월을 안은 백련사의 뜰엔 수백 년은 족히 살아낸 은행나무와 느티나무, 고목들이 즐비하다. 노란 은행잎 이불을 발밑에 두른 은행나무가 당당하게 우리를 맞는다. 수백 년을 족히 살아낸 그 위용만으로도 매우 아름다운데, 그 발아래 떨군 자기 잎마저 고스란히 품고 있으니 그 아름다움이 더해진다. 늦가

을의 나무 냄새, 마른 풀잎 냄새, 흙 냄새를 들숨 날숨으로 흠뻑 마시며 산을 오르다 보니 어느새 정상이다. 줄을 서서 올라야 한다는 봄철 진홍빛 진달래밭은 언제 그랬냐는 듯 온통 갈색 옷으로 갈아입었다. 듬성듬성 올라온 고개 숙인 단풍만이 햇살을 받아 반짝이며 마지막 가을을 애써 보듬고 있다. 발밑에서 바스락거리는 낙엽 소리를 들으며 내려온 백련사 뜰 안 찻집에서 달콤하고 따끈한 대추차 한 잔에 몸을 녹이니 온 세상이 내 것 같다.

제주에서 공수한 생갈치에 늙은 호박 숭숭 썰어 넣은 갈칫국에 텃밭에서 뽑은 무채 나물, 무밥, 수십 년을 자기 집 주방장 자리를 내어놓은 적이 없는 두 친구의 솜씨가 내 입에 딱 맞는 정갈한 음식이 되어 상 위에 오른다. 배부른 저녁 식사가 끝나고 우린 또다시 이야기꽃을 피운다. 유년 시절부터 60여 년을 살아낸 역사가 줄줄이 한 실에 엮어져 나온다. 때로는 배꼽 잡는 웃음을, 때로는 코끝 찡한 슬픔을, 누구에게도 할 수 없었던 부모· 형제에 대해 섭섭함을, 자식 자랑을, 아쉬움을, 남편에 대한 뒷이야기마저 쏟아져 나오다 보니 어느새 잘 시간이다.

강화도 1박 2일의 마지막은 항상 이른 아침 동네 산책이다. 해 뜰 무렵 나선 들녘은 가을걷이가 끝나서인지 한가롭다. 드문드문 논두렁에 심어 놓은 콩이 해 벌린 모습으로 주인을 기다릴 뿐이다. 여름철엔 개천가에 즐비하던 낚시꾼들의 텐트도 모습을 감추었다. 다가올 겨울 추위에 물고기들도 숨어버린 모양이다.

따사로운 가을 햇살이 등허리에 내려앉으니 들길을 걷는 발걸음이 사뭇 가볍다. 오랜만에 멀리 보이는 마을로 들어섰다. 몇십여 호밖에 없어 보이는 작은 마을엔 가을볕이 한결 따사롭고 정겹다. 낯선 이들의 발걸음을 알아챈 동네 강아지들이 앞다투어 짖어댄다. 짖어대던 강아지가 앞에 다다르자 지조 없이 꼬리를 흔들어 댄다. 넋 나간 놈이라는 핀잔에도 여전히 꼬리를 살랑대 웃음을 자아낸다.

마을 길을 돌아 나오는데 한 농부 어르신이 강화도 순무를 뽑고 있다. 파실 거냐는 물음엔 대답도 없으시더니 무잎을 잘라낸 후 밭에 두고 가신다. 급히 물었다. "어르신, 무잎은 버리실 거예요? 저희 가져가도 돼요?" "그러시껴." 퉁박한 대답에 얼른 감사하다며 허리를 굽혔다. 가지고 갈 방법을 찾던 내 눈에 넉넉해 보이는 옆집 아저씨의 너른 등이 들어왔다. 얼른 달려가 봉지 하

나만 달라는 내 주문에 자동차에 오르려던 발을 내리고 집으로 뛰어가더니 쌀 마대를 들고나왔다. 바쁜 와중에도 넉넉한 마음을 가진 시골 인심이 따사로운 햇살과 더불어 가슴으로 들어온다. 마대에 가득 담긴 순무 시래기를 마대 귀퉁이를 잡고 쉬며, 걸으며 30여 분은 족히 걸어야 했다. 마대를 내려놓고 쉬는데 무밭에서 무를 뽑던 또 다른 어르신은 무가 잎만 무성하고 알이 작다며 투덜거린다.

“어머! 어르신 동치미 담으면 딱 알맞겠네요” 눈치 없는 내 일성이다. 알이 커야 장에 내다 팔아도 돈이 될 것인데 알이 작다고 투정하시는 것을 그분의 속도 모르고. 말문을 닫은 어르신을 향해 또 한 번의 눈치 없는 일성이 튀어 나간다. “어르신 오늘 장날인데 순무는 없어요?” 해마다 순무 깍두기를 담는 어머니의 바람을 실현한 사명을 띠고 왔기 때문이다. 장날이니 장에 가서 사도 되지만 동네서 사면 더 좋겠다는 생각부터 앞섰다. 어르신은 대답도 없이 성큼성큼 옆 이랑으로 가시더니 무 세 개를 뽑았다. "더는 줄 수 없고 세 명이니 한 개씩 잡숴 보슈. 과일 무인데 맛있을 거요. 특별한 거요." 하시며 건네주신다.

'과일 무' 처음 들어보는 이름이다. 집으로 오자마자 우선 무부터 씻었다. 궁금함을 참을 수 없어서이다. '어떤 맛일까?' 셋의 눈동자가 일시에 모였다. 칼로 무의 단면을 쓱 잘랐다. 겉으론 그냥 무인데 그 안은 빨간, 마치 비트처럼 빨간색의, 아니 비트보다 조금 다른 아주 예쁜 연자주색을 지니고 있었다. "빨리 잘라봐" 내 재촉에 잘린 무를 한 입 베어 물었다. 알싸하고 달큼한, 배 맛? 아니 배보다는 약간 덜한 묘한 맛이 먹을수록 입맛을 당긴다. 아마도 오늘 아침 만난 순무 잎을 주신 어르신의 투박한 맛, 마대를 갖다 주신 동네 아저씨의 따뜻한 맛, 까닭 없이 꼬리를 흔들어 대던 강아지의 넋 나간 맛, 아끼는 과일 무를 선뜻 뽑아 주신 동네 어르신의 넉넉한 정이 모두 담긴 그런 맛이 아니었을까?

처음 맛보는 속 빨간 무의 야릇한 맛에 푹 빠진 우리는 무 한 개를 쓱싹 먹어 치우고 말았다. 나머지 두 개는 우리 어머니가 생무 드시는 걸 좋아한다는 말에 갖다 드리라기에 염치를 무릅쓰고 내 가방으로 넣었다. 눈치코치는 이럴 땐 출장 보내는 게 상책이다. 돌아오는 길, 풍물시장에 들러 순무도 사고, 맛있고 몸에 좋다는 청 달걀도 사고, 강화도 감도 사고, 장 구경에 넋을

놓았다.

어머니는 내가 가지고 갈 순무에 넣을 양념을 다 준비해 놓으시고 기다리다 도착하자마자 싱싱한 순무 깍두기를 큰 함지박에 가득 해 놓으신 후 한 통씩 담아주셨다.

집으로 돌아오는 길, 알싸한 순무 깍두기 먹을 생각에 행복함이 가득하다. 속 빨간 무를 깎아 드시던 어머니의 모습이 행복해 보여 내 가슴도 따스함으로 채워진다.

겉으론 무심해 보이는 내 어머니의 마음속 같은 속 빨간 무의 예쁜 모습이 눈에 선하다.

2020. 11. 13.

2

공짜는 없다

공짜는 없다

동유럽 여행의 마지막 날이다. 조금 후면 공항으로 가야 하는 시간이 임박해 오고 있다. 보름이 지나고부터 집이 그리워지더니 갑자기 아쉬운 마음이 든다. 이른 아침부터 서두른 탓에 비세흐트라성의 아침은 상쾌한 모습으로 우리를 맞는다. 모처럼 느긋한 마음으로 산책길에 나선 모양새이다. 유명 인사의 묘지가 있는 프라하의 공원묘지에서는 드보르자크를 만나기도 하고 스메타나를 만나기도 했다. 내가 합창단 6년 차 음악도라고 너스레까지 떨어가며 스메타나의 초상 옆에서 사진도 찍었다. 쉼 없이 마치 경보 경주라도 하는 것처럼 빠른 템포로 달려온 18일이 아쉬워짐은 방랑기가 잔뜩 들어선 나그네의 삶을 마무리하는 게 아쉬워서일 것이다.

갑자기 잘 마시지도 않던 커피 생각이 간절해진다. 아니 커피보다는 유럽의 아침, 카페 분위기에 취해보고 싶었던 것일 거다. 프라하의 구시가지를 돌며 어슬렁어슬렁 모처럼의 여유를 즐기고 있었다. 바벨이라는 구 시장을 구경하기도 하고, 선물 가게를 구경하기도 하며. 선물 가게에서 귀국해서 선물로 쓸 크림이며 용품들도 몇 점 샀다. 선물은 기내 반입이 어려운 튜브형 크림이 있어 공항에서 큰 가방에 넣어야 하니 비닐 가방에 넣어 손에 들었다. 점심 식사를 마치고 가이드의 안내로 카페로 들어갔다. 안 마시던 커피를 주문했다. 어차피 비행기에서 잠을 자기는 글렀으니 책이나 읽을 심산에서다. 컨디션이 나빠져서 미리 공항으로 떠난 셋을 뺀 일행은 달랑 일곱 명이다.

조그만 잔에 에스프레소는 피한 좀 약한 커피라는데 나한테는 한약이다. 조금씩 마시니 뒷맛이 좋다. 몇 년 만에 즐겨 보는 진한 커피 맛인가 싶다. 하긴 내가 예전에는 커피광이 아니었던가. 위장이 나빠지면서 끊었던 커피이니 그 맛을 즐기지 못할 바 아니다. 홀짝홀짝 마시다 보니 어느새 커피잔이 바닥이 보이기 시작한다. 그때이다. 옆자리에 앉아 계신 춘천의 CH 선생님께서 커피값을 낸다고 하신다. 넬라 환타지아를 편곡까지 하여 오카리나로 멋지게 연주하여 우리 일행의 여행길에 멋진 음악회를 선물하신 분이다. 그 선율이 아직도 내 마음을 촉촉하게 한다.

선뜻 나서서 막아야 했다. 내가 가자고 부추겼고 그렇지 않더라도 커피 한잔 사고 싶은 아침이었으니까. 그런데 내 입이 열리지 않았다. 이건 아닌데 이건 아니었다. 아니라고 내가 살 것이라고 해야 했었다. 부지런히 셈 없는 머리를 굴리고 있는 사이 커피값은 CH 선생님이 내고 말았다. 모른 척 일어설 수밖에. 아무렇지도 않게 카페를 나와 자동차에 올랐다. 공항으로 가는 자동차 안, 뒤에 앉아 계신 CH 선생님이 나를 쳐다보는 것 같아 자꾸만 신경이 쓰인다. 에라 모르겠다. 상황이 끝나 버렸으니 어쩔 수 없다며 신경 안 쓰기로 했다.

공항에 도착해서 두 개의 캐리어를 끌고 출국장으로 갔다. 앞서갔던 L이 캐리어를 연다. 왜 여냐며 물었다. 아침에 산 물건을 넣어야 할 것 아니냐며 너도 넣어야지 않느냐고 묻는다. 그제야 생각이 났다. 장기간 해외 나들이 떠난 딸 걱정이 태산 같으실 어머니와 베란다에 무심하게 두고 온 화초들에 여행 기간 동안 일요일마다 물을 주러 가주는 친구 H에게 줄 선물 꾸러미가 없어졌다는 사실을. 인솔자에게 전화해 보았으나 자동차에도 없었다. 아마도, 아니 틀림없이 그 카페에서 커피 맛에 취해, 아니 커피값을 안 낸 대가를 치르느라 두고 온 모양이다.

세상에 공짜는 없다는 말이 생각났다. 15유로도 안 되는 커피값을 안 낸 대가는 가혹했다. 커피값의 몇 배가 되는 선물값과 선물을 고르면서 담겼던 내 마음까지 몽땅 잃어버렸다.

여행 가방을 부치고 개찰구 입구 대기시간이다. 옆자리에 앉으신 CH 선생님이 오늘 커피값은 양 선생이 낸 것으로 하자며 위로하신다. 물론 그분은 내가 커피값을 내리라 결심했던 사실을 알 리 없으니 위로 삼아 하신 말씀이신데, 그 말씀이 비수가 되어 더더욱 몸 둘 바를 모르게 했다. “네 감사합니다, 선생님!” 하고 말았다.

세상에 공짜는 없다는 어르신들의 말씀은 진리였다.

2019. 11. 2.

하마터면

비가 내리고 있다. 모처럼 잡은 합창단 엠티인데 날이 궂다. 사실 컨디션이 괜찮았으면 새벽에 나섰을 텐데 비도 오니 느지막하게 나선 날이다. 열 시쯤 도착한 남한산성 입구는 여전히 비가 내렸다. 비가 와서인지 일행들은 모두 늦어진다는 전언이고 먼저 온 이들도 산행에는 난색이다. 이곳까지 왔는데 산행을 안 한다는 것은 말도 안 된다. 비옷을 단단히 차려입고 네 명만 조촐히 길을 나섰다. 아침에 몸을 휘감던 몸살기는 잊어버리기로 했다.

산길에 접어드니 안개가 온 숲을 휘감고 나무와 열애 중이다. 몇 컷의 사진을 찍었다. 남한산성의 수어장대를 향한 길은 이미 포장이 말끔하게 된 지 오래니 사실 산길을 걷는 맛이 안 난다. 일행 중 k 선생이 걷는 맛이 안 난다며 흙길로 갈 것을 제안하자 얼른 동의했다. 다른 이들도 못 이기는 척 따라나섰다. 좁은 흙길을 조금 가니 마을이 나오고 말았다. 한용운 기념관이 있는 곳이다. 기념관을 지나니 좁다란 농로로 이어지는 벼랑길을 따라 간다. 서로가 길을 모르니 대충 눈대중으로 가는 중이다. 앞서서 배낭을 메고 가는 아주머니가 수어장대로 가는 것 같다며 따라 가기로 했다. 혹시 농사지으러 밭으로 가는 분 같다는 내 말에 일행들은 어림없다는 투로 나무란다. 조금 더 가니 아주머니는 노란 나일론 줄로 둘러쳐진 밭으로 들어가시며 그쪽엔 길이 없으니 옆의 소로길로 가면 수어장대가 나온다며 알려준다. 아주머니는 안 가시냐는 물음에 자기는 밭에 왔다는 얘기이다. 일행 모두가 나를 보며 웃는다. 하마터면 농사꾼이 되고 말 뻔했다는 투이다. 내가 아무래도 머지않아 돗자리 깔아야 할 것 같다고 말하자 모두 엄지를 올린다.

안개가 깔린 좁은 길을 잡초를 헤치며 가는데 문득 떠오른 일화이다. 이십 수년은 된 일이다. 아마도 내 나이 30대 초반일 때인 것 같다. 에버랜드 부지 안에 초고압 전력 공사를 하고 있었다. 그 넓은 산은 마치 원시림처럼 풀과 나무가 무성했다. 그곳을 헤치고 지나가며 측량해야 하니 미군 장도가 필요하다는 얘기였다. 미군 장도가 어디 있느냐는 물음에 청계천 8가 도깨비시장(지금은 재개발에 밀려 신설동으로 옮김)에 가면 있다고 한다. 그곳에 가서 아무리 둘러보아도 조그만 칼들밖에 없었다. 그냥 올까 하다 손수레에서 여러 종류의 칼을 팔던 이에게 물었다. 어디에 쓸 거냐고 꼬치꼬치 물었다. 현장 상황을 설명하자 잠깐 기다리면 가지고 온다며 뛰어갔다. 조금 후에 도착한 칼은 허리띠까지 있는 내 키의 거의 반 정도는 되는 국방색 커다란 칼이었다. 값을 치르고 허리에 찼다. 너무 길어 들기도 그렇고 허리에 차면 멋져 보일 것 같아서이다. 마침 토요일이라 빨간 티셔츠에 청바지 차림으로 신발도 워커를 신고 있었으니 금상첨화였다. 그 긴 장도를 차고 택시를 탔다. 택시 기사 아저씨가 자꾸만 뒤돌아본다. 왜 그러시느냐는 물음에 웬 아가씨가 칼을 차고 있느냐고 묻는다. 사실대로 말했다. 그러느냐며 조심하라고 한다. 혹시 나를 범죄자로 오인했나? 하고 속으로만 생각하는데 괜스레 헛웃음이 났다. 감사하다고 인사한 후 택시에서 내려 사무실로 올라갔다. 나이 드신 N 전무가 나를 보더니 깜짝 놀라며 그게 무슨 짓이냐는 투로 나무란다. "왜 그러세요?" 어이가 없으신지 큰일 날 친구라며 쳐다본다. 얘기인즉슨 그 칼은 불법 유통되는 칼로 그리 드러내 놓고 차고 다닐 물건이 아니며 설령 적법하게 구매했다 하더라도 도검류 소지 허가가 없으면 불법 도검류 소지죄로 잡혀간다는 얘기이다. 거기다가 불법으로 구매했음은 물론이고 허가받은 판매업자에게 산 것도 아니니 잡혀가면 콩밥 먹을 게 뻔한 일이라는 것이다. 그런 걸 왜 나한테 사 오라고 하느냐는 물음에 어이가 없으신지 허허 웃고 만다. 안 걸렸으니 다행인 일이지만 하마터면 크게 곤욕을 치를 뻔한 행동이었다. 나 또한 조금 어이가 없긴 하였다. 모르는 게 약이었구나 싶어 그저 머리나 긁적거릴밖에.

비가 내리는 숲길을 한참 오르니 수어장대로 가는 포장길을 만났다. 안개가 깔리고 비가 부슬부슬 내리는 길은 참으로 운치가 있었다. 문득 허리에 장도를 찬 내 모습이 생각났다. 병자호란 당시 수어장대의 장수들 모습이 생각나서이다. 그분들과 비교하면 초라하기 짝이 없는 우스꽝스러운 모습이었을 테지만.

수어장대, 1624년(인조 2) 남한산성을 축조할 때 지은 4개의 수어장대 가운데 유일하게 남아 있는 중요한 건물이다. 수어장대는 수어청의 장관들이 군사를 지휘하던 곳으로 제국이 된 청과의 전쟁인 병자호란을 겪은 곳이다.

전쟁에 패한 인조가 세자와 함께 남한산성의 서문으로 나가 한강 동남쪽에 있는 삼전도에서 청 태종에게 무릎을 꿇고 신하의 예를 갖췄다. 이게 유명한 삼전도의 굴욕, 청의 신하 국이 된다. 하마터면 나라를 잃을 뻔한 인조는 아들인 소현 세자와 봉림 대군을 비롯하여 신하들을 인질로 보내야 하는 아픔을 겪은 곳이다.

비를 맞으며 수어장대를 한 바퀴 돌았다. 아들과 신하를 보내야 했던 인조의 슬픈 그 날도 이처럼 비가 내렸을까? 빗속 숲길을 올라오지 않았다면, 안개가 휘감긴 숲의 아름다움도, 수어장대의 슬픈 역사도 하마터면 만나지 못할 뻔했다. 그 숲길에서 떠올린 미군 장도의 추억도 특별한 일화 한 토막이다. 지금도 미군 장도의 추억은 아찔하고 짜릿한 맛을 되새기게 한다.

나는 다시 비 오는 날의 그 숲길을 머릿속에 그린다. 후일 카메라에 그날의 모습을, 오늘과 같은 그날의 모습을 담기 위해서이다. 아침의 몸살기도 어느새 달아나 버렸다.

2018. 5. 13.

간이 부은 것쯤

스물한 살 때인가로 기억된다. 한여름에 서울로 여행을 갔다. 태어나서 처음이다. 서울에서 친구들을 만나고 대구와 부산을 거쳐 제주도로 갔었다. 제주에 도착하자 몹시 아팠다. 병원에 갔더니 간이 부었다는 진단이었다. 한여름에 너무 무리한 탓이다. 푹 쉬고 치료받으라는 의사의 말에 꼼짝없이 아까운 돈을 써 가며 치료받아야 했다. 초등학교 3학년 때는 간과 늑막에 병이 났다. 구체적인 병명은 기억나지 않는다. 다만 어려운 형편에 병원에 입원해서 치료받아야 했고, 그 후로도 약물치료를 오랫동안 받았었다. 어린 시절부터 유독 간에 탈이 쉬이 나는 것을 보면 태생적으로 간이 약하거나 아니면 내 성정 탓에 간에 무리를 주는 행동을 하는 모양으로 시쳇말로 간땡이가 자주 붓는 편이다.

한 달여 만에 다시 나선 촬영 길이다. 수월봉의 세찬 바람을 안고 촬영에 몰입하다 보니 어느새 날이 어두워 버렸다. 서둘러 집으로 향하는데 핸드폰이 요란하게 울린다. 운전 중이어서 조금 늦게 받았다. "고모, 지금 어디?" 소프라노 톤이다. 지금 막 수월봉에서 나왔다는 말에 많이 걱정하였는지, 간이 부은 거 아니냐며 나무라신다.

요즘은 제주도가 예전 같지 않다는 말도 덧붙인다. 외지인들이 많아진 탓인지 범죄가 부쩍 늘었다는 얘기이다. 새벽 다섯 시에 혼자 나선 시누이가 몹시 걱정되던 참인데 저녁 8시가 다 되어 가도록 들어오질 않으니 오만가지 생각을 다 하였던 모양이다.

예전에는 제주를 삼다도라고 하였다. 여자, 바람, 돌이 많아서이다. 삼무도라고도 하는데 도적과 거지가 없고 대문이 없다고 하여 나온 말이다. 예로부터 거칠고 척박한 자연환경을 살아내야 하니 근면·절약·상부상조를 미덕으로 삼아서 도적질하거나 구걸하지 않고 집에 대문도 없이 살았다. 그런 제주도가 최근에는 외지인이 많이 들어오고, 심지어 난민까지 수백 명씩이나 들어오다 보니 토박이 제주인들은 그들 자신도 모르는 사이에 심적으로 위기감이나 불안감 같은 게 느껴지는 모양이다. 그런 와중에 서울 사람이 다 되어 버린 시누이가 혼자 겁도 없이 해가 뜨기도 전인 새벽녘에 성산 일출봉엘 간다고 하고, 고산 수월봉 바닷가에서 해가 떨어지고도 한참 동안을 혼자 촬영하였다는 말에 기가 딱 막혔다고 한다. 한참을 꾸중하시더니 된장국 끓여 놓을 테니 얼른 오라고 재촉이다.

새벽 5시 30분경 서부산업도로를 달려 안덕면 사계리의 형제바위가 보이는 송악산 입구에 도착한 시간은 6시 30분경이었다. 풍랑주의보가 내려서인지 바람이 세차서 서 있기조차 힘들었다. 간신히 촬영 포인트를 찾아 삼각대를 세우고 해가 뜨기를 기다렸다. 동녘 하늘을 한없이 바라보아도 해는 고사하고 여명조차 보이지 않는다. 나처럼 정신 나간 아저씨 두 분이 그 모습을 지켜보다 가 버리고 혼자 남았다.

나로 말할 것 같으면 그들과는 다르다. 그들은 형제 바위 사이로 붉고 둥그렇게 떠오르는 태양만을 기대하고 왔겠지만 나는 그게 아니다. 해가 떠오른다면 금상첨화겠지만 그렇지 못한다고 하더라도 바다와 하늘, 구름, 그 위에 드리워진 빛을 느린 셔터로 찍을 예정이니 춥다고 돌아설 수 없음이다. 삼각대를 세우고 카메라를 장착했다. 내 명품 삼각대가 흔들거린다. 두 손으로 꼭 붙잡고 찍기 시작했다. 이제 시작하는 촬영 방법이니 결과치가 어떨지는 알 수 없다. 사진 촬영은 시시각각 변하는 자연현상을 무시할 수 없으니 풍랑주의보가 내려졌다고 해서 삼각대를 접어 버린다면 그만큼의 경험을 할 수 없게 된다. 절대로 접을 수 없는 일이다. 바람이 많은 제주에서만 느낄 수 있는 파도와 구름의 흐름을 동시에 잡을 수 있으니 더욱 좋은 일이다.

얼굴을 복면으로 씌우니 눈만 보인다. 행인이 본다 한들 내가 누구인지 알 턱이 없다. 고향이라 지나가는 동창 녀석들이 본다해도 심하게 몰아치는 바람코지에 서서 촬영하는 내 모습을 보며 혀를 끌끌 차고 말 일이다. 셔터를 누르는 그 순간은 사진의 좋고 나쁨의 문제가 아닌, 오직 찍혀지는 이미지가 최고의 걸작이 될 것 같은 기대감으로 충만할 뿐이다.

용머리 해안을 거쳐 서쪽 해안도로를 가다 서기를 반복하며 저녁나절이 되어서 수월봉 해안에 도착했다. 해안가를 따라 높게 둘러 처진 주상절리 절벽에 부딪힌 세찬 바람은 다시 바다로 돌아가 커다란 파도를 안고 돌아오며 하얀 포말을 일으킨다. 까만 바위에 부딪힌 파도는 마치 물 폭포라도 되는 듯 하얗게 부서진다. 그 아름다운 광경에 넋이 나가 셔터 누르기에 빠져 있다 보니 해가 떨어진 지 한참이 되었던 모양이다. 사람이 오가던 길은 텅 비었고, 어둠이 짙게 깔려가고 있었다. 가로등이 갑자기 켜지는 바람에 깜짝 놀라 시계를 보니 여덟 시가 다 되어 가고 있었다. 모골이 송연해지기 시작했다. 세찬 바람에 얼어붙은 손이 삼각대를 드는 것조차 어려워서 얼른 어깨 위로 올리고 잰걸음을 옮겼다. 15분은 족히 걸어야 하는 주차장까지 가는데, 올해 들어 가장 춥다는 제주 날씨인데도 등줄기에 땀이 흐른다. 가까스로 자동차 문을 여니 그제야 조금 맘이 놓인다. 재빨리 시동을 걸고 액셀러레이터를 밟았다. 종일토록 빵 쪼가리로 군것질만 한 탓인지 배가 등짝에 붙어버린 것 같다. 그즈음에 걸려온 전화 속 언니의 꾸중은 더없이 반가웠다. 거기에 더하여 된장국까지 끓여 놓으신다니 이보다 더 좋을 순 없다.

간이 좀 부으면 어떤가(?), 다시 잘 관리하여 치료하면 될 일이니.

집에 도착하자 가자미눈으로 쳐다보는 언니에게 종일 굶었다며 밥 달라고 하자 어이가 없는지 피식 웃고 만다. 나도 그냥 웃었다. 그리고 봄동을 넣고 끓인 된장국에 밥을 말아 한 입 크게 떠먹으니 그 맛이 무어라 말로 설명할 수 없다며 호들갑을 떨자 어이 상실이라며 웃어버리고 만다.

머릿속에서 수월봉의 석양을 안은 해안가의 거친 파도가 찍힌 사진들이 퍼즐 조각이 되어 아른거린다.

2019. 2. 15.

진달래꽃

봄이 시작되었다. 미세먼지가 전국을 강타하며 희뿌연 하늘을 만들어 버리고 있지만 그래도 봄은 어김없이 오고야 만다. 전국의 산에는 진달래가 무시로 피어날 것이다. 제주의 한라에서 시작된 핏빛 진달래의 열풍은 전국의 관광객을 불러들이며 그 아름다움을 뽐내게 되리라.

몇 해 전의 일이다. 강원도 정선의 두이봉, 그 봉우리의 진달래가 흐드러지게 핀 모습이 장관이라는 친구의 말에 그곳을 찾았다. 퇴근 후 떠난 밤길을 달려 예약한 펜션을 향했다. 가로등도 없는 산길, 산을 뭉개어 길을 내어서인지 한 대의 차량이 겨우 들락거릴 수 있는 개구멍 도로도 만났다. 밤이 깊어서였는지 곳곳에 숨어 있는 음산한 기운을 물리치느라 애를 먹었다. 이제 막 원시에서 벗어나려는 몸부림을 한껏 묻힌 곳, 강원도 특유의 구불거리는 밤길을 달려 도착한 펜션은 황토로 만들어진 곳으로 소박하고 아름답다.

갓 지어진 황토 방, 흙냄새가 은은히 퍼지는 구들에 몸을 누이니 원행 길 피로가 싹 가시는 느낌이다. 두런두런 이야기가 이어지는가 싶더니 누가 먼저랄 것도 없이 잠 속으로 빠져들었던 것 같다. 이른 아침 물 흐르는 소리인 듯, 새소리인 듯 잔잔히 퍼지는 알 수 없는 음률에 잠이 깼다. 앞마당에 보이는 풍경, 연초록빛 물색을 싣고 유유히 흐르는 강과 지저귀는 새소리, 차갑고 상큼한 공기가 폐부 깊숙이 들어와 도심에서 싣고 온 묵은 때를 말끔히 걷어냈다.

서둘러 나선 두이봉 산행길, 그곳에서만 마실 수 있는 향기 가득한 공기를 큰 호흡으로 들이마시며 산을 올랐다. 1,400여 미터밖에 안 된다는 친구의 말에 나는 한라산의 딸이란 자부심에 가볍게 여기고 나섰다. 산행이 계속되는 오르막에 힘에 부쳐 숨이 턱밑에서 아장거릴 무렵이다. 흐드러지게 핀 진달래 군락이 눈앞에 나타났다. 탄성을 지르며 다시 올랐다. 산 정상을 모조리 점령한 진달래가 핏빛으로 환대한다. 내리쬐는 봄볕에 얼굴을 태우고 나니 내 얼굴도 핏빛이 되었다.

내려오는 길은 더 가팔랐다. 몇 번의 쉼을 하고 나서야 겨우 내려오는데 발가락 끝이 밀려 신발에 닿았는지 며칠 후 내 엄지 발톱은 검은색이 되고 말았다. 가볍게 여기고 떠난 산행길이라 도시락도 준비 못한 터라 배는 이미 등짝에 붙어버렸다. 서둘러 밥집을 찾아 나섰다. 산골이어서인지 요즘은 흔하디흔한 식당도 눈에 띄지 않았다. 산골 마을 몇을 보내고 한참을 달리다 보니 눈에 들어온 식당(?), 컨테이너를 두어 개를 이어 붙인 곳에 검정 글씨로 크게 쓰여 있었다. '곤드레나물 밥집' 아무런 수사도 없이 투박하게 쓰인 그 밥집으로 들어섰다. 더 이상의 선택지도 없는 상태이니 도리 없음이다. 투박한 나무판자를 성글게 이어 놓은 식탁에 앉았다. 메뉴라곤 곤드레나물 비빔밥, 곤드레나물 정식 딱 두 가지다. 식당의 모양새로 보아 그리 큰 기대를 할 바도 아니니 그냥 "곤드레 비빔밥 세 그릇 주세요." 하고 말았다.

몸집이 제법 실해 보이는 아주머니가 반찬을 내왔다. 명이나물 장아찌를 필두로 갖은 산나물 무침이 식탁 위로 툭툭 놓인다. 이미 두 시를 넘긴 시간이니 시장이 반찬이라 여기자며 서로의 눈빛을 교환한다. 이름을 알 수 없는 산나물 무침을 한 젓가락 집어 입 안에 넣었다. 눈이 번쩍 뜨였다. 일행인 친구들의 네 개의 눈빛이 광채가 났다. 이럴 수가, '세상에 없는 맛'이란 표현 그게 아마 딱 맞을 것이다. 젓가락질이 더욱 분주해진다. 어느새 게 눈 감추듯 나물 그릇이 바닥이 나고 말았다. 주인아주머니께서 빙그레 웃으시며 커다란 쟁반에 맘껏 드시라며 나물 모둠 한 쟁반이 다시 올려진다. 감사의 표시를 할 새도 없이 다시 분주한 젓가락질이 이어진다. 쟁반이 반쯤 비워 갈 무렵 곤드레나물이 그득 올려진 큼지막한 밥 대접이 우리 앞에 놓였다. 양념장을 적당히 넣고 쓱쓱 비벼 크게 한 숟가락 입에 넣으니, 이를 무어라 설명할까? 그 후 10여 년이 다 되어가는 지금까지 그 집의 곤드레나물 비빔밥만큼 맛있는 음식을 다시 먹을 수 없었다.

높이 480미터, 군청 소재지인 영변은 가장 전형적인 산성취락으로 주위가 모두 산으로 둘러싸이고, 산에는 성벽을 둘러 마치 항아리와 같은 모양을 하고 있어 철옹성이라 불리는 요지라고 한다. 산 내부의 약산은 진산이며 주위의 다른 산에 비하여 가장 험준하며 경승지이다. 약초가 많다고 하여 약산이라 하였다는 설과 약수가 있어 약산이라 하였다는 두 가지 설이 있으나 어느 편의 이야기로 보나 산에 약수와 약초가 있었던 것은 분명한 것 같다.[1)]

2019년 2월 28일 낮, 세계의 이목을 초 집중시켰던 세기의 담판에서 김정은은 영변의 핵시설 전부(?)를 내놓고도 승부사 트럼프에게 세게 한 방 얻어맞고 말았다.

'영변 약산 진달래꽃 아름 따다 가실 길에 뿌리 오리다' 김소월 님의 시 진달래꽃 중 한 대목이다. 그곳 영변의 약산 진달래꽃을 만날 날은 물 건너가는 것일까?

영변의 진달래 꽃잎을 얹은 약초 비빔밥 한 그릇 먹어보고 싶다면 너무 큰 꿈인가?

그곳에도 소월 님의 시는 읽히고 있겠지? 이 봄 영변의 약산 진달래꽃은 어떤 색깔(?)로 피어나고 있을까? 아직도 소월 님의 진달래꽃은 같은 빛일 텐데.

2019. 3. 6.

---

1) www.naver.com 참조.

새싹

드디어 떡갈 고무나무의 새싹이 삐죽이 돋아났다. 작년 봄, 질박한 돌 항아리처럼 생긴 화분이 무덤덤한 표정으로 내게 왔다. 떡갈 고무나무 한 그루 심어 놓았더니 화분이 방긋 웃는다. 한 해 동안 무럭무럭 자란 떡갈 고무나무는 어느새 키가 오십 센티는 실하게 넘어서고 있다. 올봄도 여전히 잎이 돋아나기 무섭게 다시 새잎을 피워 올리더니 한 줄기로 쑥쑥 자라나기 시작한다.

갑자기 웃자란 떡갈 고무나무 줄기가 잎이 버거워 보이기 시작하자 갈등이 생긴다. 줄기를 과감하게 잘라 주어야 그 자리를 차고 올라와 다른 가지가 생겨 나무가 풍성해진다는 말이 생각났다. 어디서 주워들은 것은 있어서 며칠 동안 고민에 고민을 거듭하다 에라 모르겠다 싶어 올라가는 줄기를 가위로 싹둑 잘라 버렸다. 죽어버리면 어쩌나 싶은 생각에 걱정이 태산 같다. 아침마다 동녘 하늘이 밝아오기 시작하면 베란다로 나가 유심히 살

펴보아도 줄기는커녕 싹을 틔울 기미조차 보이지 않는다. 잘려나간 줄기를 잘라버린 지 두어 달이 다 되어 가는 지난주이다. 잘려나간 줄기의 옆으로 세 줄기의 싹이 삐죽이 돋아났다. 가슴이 솜 방망이질 치기 시작했다. 물을 듬뿍 주면 빨리 자라려나? 아니야 물을 너무 많이 주면 죽을지도 몰라, 화분의 위치를 바꿔볼까? 갖은 생각으로 매일 아침 베란다로 나가 세 개의 싹과 눈 맞춤을 한다. 드디어 물을 줄 때가 왔다. 참고로 떡갈고무나무는 물을 자주 주면 안 된다는 꽃집 아저씨의 조언대로 보름에 한 번 듬뿍 주고 있다. 달력에 표시한 날이 돌아왔으니 바가지에 물을 들고 떨리는 손으로 시원스레 쏟아부었다. 다음 날 세 개의 싹이 팔을 벌리더니 잎이 아닌 줄기가 되어 솟아오르기 시작했다. 내 최애 식물 떡갈 고무나무도 어김없이 아픈 만큼 성숙해짐이 진리를 택했다고나 할까.

소파 방정환은 1919년 말에 일본 도쿄에 유학 가서 도요대학 철학과에 입학하여 아동문학과 아동심리학을 공부했다. 도요대학 철학과에 다닐 때 마해송, 윤극영 등과 함께 어린이 문제를 연구하는 단체인 '색동회'를 조직하여 김기전과 함께 어린이날을 만드는 등 활발한 어린이 교육 사업을 전개했고, 1921년에는 서울에서 천도교 소년회를 만들었다. 이때부터 전국 순회 강연을 통해 뛰어난 이야기꾼으로 활약했는데, 강연 내용은 어린이들을 위해 그들의 인격을 존중하자는 것이었다. 그는 지나치게 상하 관념과 나이를 중시하는 유교 문화 아래에서 사회적 약자들인 어린이들이 천시와 억압을 받는다 생각했다. 일제 강점 치하에서 조선 사람의 미래는 어린이들에게 달려있다고 생각했고, 그에 따라 실제로 '어린이에게도 존댓말을 사용하자!'는 캠페인을 벌인 적이 있다.

"문간에 검정말이 모는 검은 마차가 날 데리러 왔으니 가야겠다. 어린이를 두고 가니 잘 부탁하오."라는 유언을 남긴 것으로도 유명하다. 돌아가실 때까지 어린이를 걱정한, 영원한 어린이의 동무로, 독립운동가로 살다 가신 분이다.[1)]

갑자기 소파 방정환 선생님이 생각나는 것은 조금 전 뉴스에서 보인 우리나라 출산율에 대한 충격 탓일까? 우리나라의 가임여성(15세~49세) 1명당 1.052명이라는 발표는 가히 충격적이다. 58년 개띠부터 시작되는 베이비붐 세대에는 집집이 아이들이 7~8명은 족히 되었으니, 인구가 기하급수적으로 불어나는 걸 염려한 정부가 겁도 없이 산아제한 정책을 꺼내 들고 말았다. 식량과 물자가 부족했던 그 시절, 살아내기 위한 궁여지책이었을까? 아니면 경제성장률 수치 상승률에 대한 고민(?)이었는지 알 수 없다. 일부 반대 의견이 있었을지도 모르나 급한 정부의 입김에 무시되었다고 한다. 우리 세대가 가임기였던 80년대 중반, 우리의 머릿속에는 어이없게도 아이가 많은 집을 마치 미개인의 대명사라도 된 듯이 바라보는 시선을 때때로 느껴야 할 정도였다. 미래를 보는 눈이 얼마나 짧았던 것인지, 그때는 누구도 상상하

1) www.naver.com 참조.

지 못했다.

물론 치솟는 물가에, 하루가 다르게 변해가는 교육환경으로 어쩔 수 없었다는 변명을 내어놓는다면 그도 그냥 무시할 수는 없었다손 치더라도 누군가 우매했다고 한다면 변명의 여지가 없게 되어 버린 것을 오늘날의 출산율이 증명해 주고 있다.

누군가는 지금과 같은 출산율이라면 얼마 지나지 않아 국가가 소멸하리라 전망하고 있으니, 소파 방정환 선생님의 어린이에 관한 생각을 다시금 되새겨 보아야 하지 않을까 싶다. 이렇듯 국가가 소멸할 수도 있다는 전망이 나오는데도 국가의 정책은 아직도 갈팡질팡하고 있다. 출산율과 직결되는 청년실업을 없앤다던 정부의 공약은 어디로 가 버렸는지 점점 더 깊어만 가고, 최저임금의 급격한 인상과 반기업 정서, 양대 노총의 집단 이기주의가 판을 친다. 월수입 천만 원이 넘는다는 노총 소속 타워크레인 운전자의 주머니가 채워지는 동안 타워크레인을 올려다보며 일해야 하는 저임금과 3D업종의 대명사인 건설근로자의 일자리는 점점 더 줄어들고 있으니 이는 누가 보상해 줄 것인가? 정부의 반기업 정서로 투자가 위축되고 이를 피해 외국으로 나가려는 기업인들의 마음은 무엇으로 돌려세우려 함인지 걱정이 태산처럼 쌓여만 간다.

지금쯤, 이제는, 정책 결정자들도 떡갈 고무나무의 줄기를 과감히 잘라버리는 것과 같은 초강수를 둘 때가 되지 않았을까? 성과도 없는 소득주도 성장이니, 적폐 청산이니 하는 묵은 사고를 버려야만 하지 않을까 싶다. 7~80년대 우리의 괄목할 만한 경제 성장이 경제학의 원리를 철저히 지켰다는 데서 비롯되었다는 신문 보도[2]가 새삼 와 닿음은 결과를 몸소 보고 그 열매를 따 먹고 있어서가 아닐까?

이제는 정말 뭔가 다른 새싹을 보고 싶다.

2019. 6. 6.

---

2) 매일경제 2019년 6월 6일자.

국가관

'더 이상 문재인 대통령이 김정은 수석대변인이라는 말을 듣지 않도록 해 주십시오.'

야당 원내대표의 발언 중 일부이다. 이 발언으로 정국은 파행을 겪고 있다. 집권 초부터 북핵 문제 해결, 적폐 청산이라는 문제에 매달려 있는 동안 민생은 도탄에 빠지고 있고 서민을 위한 정부라는 타이틀이 무색하게 서민들의 삶은 더 팍팍해져 가고 있는 것을 아는지 모르는지.

평균 IQ 105를 넘는 나라, 일하는 시간 세계 2위, 평균 노는 시간 세계 3위, 잠 없는 나라, 문맹률 1% 미만인 나라, 미국과 제대로 전쟁했을 때 3일 이상 버틸 수 있는 8개국 중 하나인 나라, 세계 2위 경제 대국 일본을 발톱의 때만큼도 안 여기는 나라, 가장 단기간에 IMF를 극복해 세계를 경악시킨 나라, 인터넷, 초고속 통신망이 세계에서 최고인 나라, 유대인을 게으름뱅이로 보이게 하는 유일한 민족, 세계에서 가장 기가 센 민족 등 무려 32가지의 자랑스러운 문구, 한국에서 15년간 기자 생활을 한 영국의 마이클 브린이 쓴 『한국을 말한다』에 있는 내용이다.

7~80년대를 살아오면서 우리 세대가 일한 시간?, 글쎄 평균 1일 12시간은 넘지 않았을까? 계산해보지도 계산해보려고도 하지 않았다.

국민소득(GNI)이 1954년 70달러, 1960년 80달러로 지구촌에서 가장 가난한 나라. 땀과 헌신으로 일군 한국 60년, 하면 된다는 근면성과 자신감이 이룬 '한강의 기적'과 '경제개발'로 1인당 국민소득(GNI) 1978년 1,454달러, 1987년 3,467달러, 1993년 8,720달러, 1997년 12,059달러로 상승곡선을 그리다가 1998년 IMF 외환위기 여파로 인해 7,989달러로 급락하고 만다. 우리는 다시 저력을 발휘하여 4년만인 2002년 초 단시간에 12,735달러를 회복한다. 2008년 20,463달러, 다시 글로벌 금융위기(리먼브라더스 사태)로 2009년 18,303달러로 떨어졌지만, 2010년 22,170달러로 올라섰다. 그 후 2013년 26,205달러, 드디어 2018년 30,000달러를 돌파했다. 이 과정을 이루는 동안 우리의 가슴 속에는 아마도 나와 국가라는 국가관이 자리하고 있지 않았을까 싶다. 누구도 내가 하는 일이 국가를 부강하게 할 것이고 그로 인해 나도 부강해지리라 믿어 의심치 않았으리라.

고교 시절 새마을 학생회라는 조직에서 주경야독하는 중에도 새벽 시간을 이용해 마을 안 청소를 위해 우리들의 손에 빗자루를 들게 했다. 주말이면 마을 주변의 잡풀들을 베어 퇴비 증산에 힘썼다. 국민소득이 불과 사오백 달러에 불과했던 우리 세대가 할 수 있는 최선의 노력이었다. 그 일들을 해내야 함이 우리의 국가관이었고 나라 사랑의 일환이었다고 해도 과언이 아니다. 동네 아이들, 학생들, 심지어 초등학교 1, 2학년짜리 꼬마들도 졸린 눈을 비비며 언니, 오빠들이 베어 놓은 풀을 질질 끌며 날랐다. 아무도 불평하지 않았고, 절망하지 않았다. 그렇게 사는 것이 당연하다 여겼으니 어쩌면 그때의 아이들이 지금의 아이들보다 더 행복 지수는 높았을는지도 모르겠다. 최소한 학원 가방을 메고 이리저리 유랑하지는 않았으니까.

우리 세대의 행동이 맞았다고 함이 아니다. '국가가 우리를 위해 무엇을 해 줄 것인가를 생각하기 전에 내가 국가를 위해 무엇을 할 것인가를 고민하자'라는 케네디 대통령의 연설문이 우리의 슬로건이 된 적이 있다. 이 슬로건이 맞았다고도 생각하지 않는다. 다만 우리가 시대적 상황과 주변국의 상황 등 우리의 당면과제는 알고 가야 하지 않을까 하는 기우에서다.

어느 날부터인가 우리는 달라지고 있음을 느꼈다. 누군가가 말했다. 1세대 경제인들은 국가관이 투철해서 기업의 이익을 국가의 이익이라 여기고 국민경제에 이바지한다는 자부심이 있었으며 소속 직원들의 밥그릇을 걱정했었다고. 기업이 2, 3세대로 이어지면서 국가는 없어지고 기업주 개인의 이익만을 중시하는 기업문화가 자리 잡기 시작하면서 반기업 정서가 늘어나고 경영주

와 근로자는 양극화의 대표가 되어 가고 있다고 한다. 정치 일번지 여의도의 국회도 마찬가지인 것 같다. 진보와 보수가 서로 조금도 양보하거나 타협하려 하지 않고 분열의 선상에서 내려오려 하지 않으니 급기야는 대통령을 탄핵하는 부끄러운 정치 현실을 만들고 만다.

탄핵받은 대통령이 탄핵받을 만한가, 그렇지 않은가의 문제가 아니다. 여의도 정치인들의 국가관이 어디로 갔는지를 걱정함이다. 조선을 망하게 했던 파당 정치의 행태를 그대로 이어받았는지 서로 물어뜯어야 직성이 풀리는 본성을 아직도 가지고 있음을 탓함이다. 미, 중 무역전쟁의 소용돌이에 휘말려 경제가 파탄나고 있는데도 이를 아는지 모르는지(?)

“트럼프 대통령은 탄핵할 가치조차 없는 대통령이라면서도 국가의 분열을 방지하기 위해 탄핵을 반대한다.”1) 미국의 민주당 팰로시 의원의 발언을 실은 기사는 심금을 울리게 한다.

이런 것이 국가관일 것이다. 그런데도, 야당 대표의 ‘김정은 수석대변인’ 운운한 발언이 가슴을 뻥 뚫리게 함은 나만의 기분일까? 이 발언이 정쟁이 대상이 아니라고 생각하는 사람들이 대다수인 것을 아는지 모르는지. 아직도 여전히 정쟁의 도마 위에서 내려오지 못하고 있음을 보며 입안이 씁쓸해진다.

2019. 3. 17.

1)『매일경제』 2019년 3월 13일자.

총구

쏜 것은 권총이었지만
그 권총의 방아쇠를 잡아당긴 것은
당신의 손가락이었지만
원수의 가슴을 꿰뚫은 것은
성낸 민족의 불길이었네
온 세계를 뒤흔든 그 총소리는
노한 하늘의 벼락이었네.

조지훈 님의 안중근 의사 찬시 중 한 대목이다.

1909년 10월 26일 오전 9시, 이토 히로부미가 탄 특별열차가 하얼빈역에 도착한다. 이토는 러시아 재무대신과 열차 안에서 회담을 진행한 이후 밖으로 나와 역에 도열한 러시아 의장대를 사열하였고, 다시 귀빈 열차 쪽으로 발길을 옮겼다. 바로 그때, 의

장대 후방에서 기회를 노리고 있던 안중근 의사는 앞으로 뛰어 나가며 이토 히로부미를 향해 총탄을 발사했다. 이토는 쓰러졌고, 안 의사는 체포되어 연행되는 순간에도 "코레아 우라(대한 만세)!"를 계속해서 외쳤다. 우리 가슴 속에 생생히 살아 있는 총구의 방향이다. 아마도 영원히 우리의 기억에서 지워지지 않으리라.

지난 3월 26일 육이오 참전 용사였던 벨기에의 국왕 필리프는 용산의 참전 용사비 앞에 섰다. 초연한 조가가 트럼펫으로 나지막이 연주되는 2분간 국왕은 고개를 들지 않았다. 벨기에군 전사자들에게 최고의 예의를 표하기 위해서였다고 한다.

그날은 천안함 폭침 9주기이기도 했다. 이날 필리프 국왕과 함께 참석한 정경두 국방부 장관은 20일 국회에서 천안함 폭침, 제2연평해전, 연평도 포격을 '불미스러운 남북 간 충돌'이라고 언급하였다가 비판을 자초하기도 했다. 22일 서해 수호의 날 행사에는 문재인 대통령은 올해에도 참석하지 않았고 조화만 보냈다. 3월 26일 천안함 추모식에는 여당 의원들은 보이지 않았다. 위기에 빠진 남북관계를 되돌리기 위해 북한을 자극하지 않기 위함이라 하지만 나라를 위한 희생은 정당이나 이념을 초월하여 그 자체로 기억되어야 마땅한 일이다. 벨기에 국왕의 행보를 보며 부러웠다고 쓴 기자의 마음이 십분 이해되는 날이다.[1)]

거침없는 행보로 여론의 비난을 받는 트럼프 대통령에게도 하

1)『중앙일보』 이재철 기자의 기사 참조.

나의 철칙이 있다고 한다. 미군 전사자에 대한 무한한 존경이다. 그는 취임 직후인 2017년 2월 1일 예멘에서 알카에다 격퇴 작전을 수행하다 사망한 네이비실 소속 오언스 중사의 유해를 맞이하기 위해 델라웨어 주 공군기지까지 날아갔다. 단 한 명이라도 국가를 위해 희생한 용사에 대해서는 만사를 제쳐놓고 챙긴다고 한다. 혹한이 몰아치는 1월에도 트럼프는 시리아에서 자폭테러로 숨진 4명의 유해 송환식을 끝까지 함께했다. 연방정부 '셧다운 성명 발표'를 해야 하는 가장 분주한 날의 일이다.

많은 미국인에게 아직도 회자하는 오바마 대통령의 전몰 장병 기념일 연설이다. '군 통수권자로서 군복을 입은 우리의 자식들을 통솔하는 것보다 위대한 책임은 없다. 그들을 위험한 곳에 보내는 것보다 중대한 책임은 없다. (중략) 국가란 새로운 것을 만들어 가는 자뿐 아니라 지나간 것을 기억하는 자에 의해 그 격이 결정되는 법이다.[2] 이 연설문이 단지 미국인들에게만 해당하는 말은 아닐 것이다. 우리가, 우리의 지도자들이 숙연하게 받아들여야 할 대목이 아닐까?

서해 수호의 날 기념식장 16살이 된 가영이의 눈물을 보았는가? 이제는 어엿한 고등학생이 된 가영이가 아버지 묘비 앞에서 얼굴을 두 손으로 감싼 채 흐느끼고 있는 모습이다. 2002년 제2 연평해전에서 총탄을 맞은 가영이 아버지는 이를 악물고 살아났다. 그는 회복된 후 가족들의 만류에도 불굴의 군인정신으로 천

---

2)『중앙일보』 김현기 기자의 시시각각 중.

안함 근무를 택했다. 2010년 3월 26일 백령도 근해에서 해상경비 작전을 수행하다 북한 잠수함의 어뢰 공격으로 바로 그 박경수 상사는 산화했다. 시신은 끝내 찾지 못했다. 그때 가영이 나이 일곱 살이었다. 가영이의 눈물은 우리가 모두 닦아줘야 할 눈물이다. 국가를 위해 산화해 간 영웅들을 기리고 남은 가족을 보듬는 것이 국가의 존재 이유다.[3)]

기자들의 울분 어린 기사가 아니더라도 충분히 이해하고 공감해야 하는 게 우리의 소명이고 국민 된 자의 책무이리라.

문 대통령이 대구의 칠성시장을 방문한 당시에 포착된 경호원의 모습이다. 경호 규정상 아무 문제가 없다는 주장이 맞서는 이 사진 속 기관단총, 경호원의 옆구리로 삐죽이 삐져나온 저 총구

3) www.naver.com 참조.

는 누구를, 어디를 향한 총구(?)였냐고 묻는다면 불경죄가 되는 것일까?

2019. 3. 30.

호로고루성

역사적 사실은 단순히 과거에 있었던 사실이기 때문에 역사적 사실이 되는 것이 아니다. 역사가가 그 사실의 중요성을 인정하고 자신이 해석에 따라 재구성함으로써 역사적 사실이 되는 것이다. 『역사란 무엇인가』의 저자 에드워드 카의 글 중의 일부이다.

장마와 태풍이 훑고 간 한탄강의 직탕폭포, 한국의 나이아가라라고 칭하는 곳이다. 평소에는 그렇게 칭한다는 게 객쩍은 곳이다. 하지만 이번은 달랐다. 60여 일 이상 계속되는 장마와 태풍이 그곳을 진짜 나이아가라처럼 만들어 놓았다. 물론 나이아가라처럼 크고 웅장하지는 않지만, 그 모양만큼은 그럴싸하다. 직탕폭포 촬영을 마치고 돌아서려는데 연천의 호로고루의 해바라기가 유명하다며 동행인이 그곳에 가고 싶다고 한다. '호로고루?' 단어만 들어도 확 끌어당기는 흡입력이 있었다. 무슨 뜻일까? 거기에 해바라기가 아름답기까지 하다니? 호기심이 발동하고 구미가 확 당겼다.

집으로 가는 길이라던 동료의 말은 그의 집을 말하는 것이었고 우리 집은 반대 방향으로 70킬로를 더 가야 하는 곳임을 반 이상을 가고 나서야 알았다. 그러면 어떠한가? 이미 '호로고루'란 이름만으로 안 가 볼 수 없는 곳이 되어 버린 셈이다.

호로고루(사적 제467호)는 북동쪽에서 남서 방향으로 흐르는 임진강에 접한 현무암 천연절벽 위에 있는 강가 언덕 위의 평지에 세워진 성이다. 호로고루는 남한 지역에 얼마 되지 않는 고구려 유적으로서 발견 당시부터 주목받았다. 이 성은 고구려가 남진을 위해 육로로 내려오는 최단 코스로 남진의 교두보 역할을 하였으며, 성을 접해 흐르는 임진강과 주변의 풍광이 어우러져 신성한 면모마저 보인다.

얕은 구릉 위에 축조된 성으로 삼각형 모양을 띠고 있으며 전체 둘레는 401m이다. 성이 위치한 지역은 삼국시대에 북진과 남진을 하기 위해 지나쳐야 하는 곳이었기 때문에 여러 차례에 걸친 삼국의 전투 기록이 남아 있다. 삼국시대 이전부터 조선 시대까지 유물이 출토되었는데 특히 고구려 유물이 다수를 차지하고 있다.

고구려 기와가 다량 출토되는 것으로 보아 고구려인들이 만든 기와 건물이 있었던 것으로 추측하고 있다. 당시 기와가 왕궁이나 사찰 등 국가적으로 아주 중요한 건물에만 사용되었던 건축 자재였던 것으로 미루어보아, 호로고루는 다른 성들보다 그 위계가 매우 높았다는 것을 알 수 있다. 또 성안에서 출토되는 와당, 토기, 다양한 동물 뼈들을 통해 이 유적이 단순한 군사적 기능을 뛰어넘어 당시 고구려인들의 정신적 부분까지도 다스리는 성스러운 장소였다는 것을 알 수 있다. 우리도 익히 알고 있는 광개토왕이나 장수왕 때 만들어졌을 것으로 추정하고 있다.

호로고루에는 해바라기가 성안 전체에 심겨 있었다. 요즘은 해바라기가 바람에 잘 쓰러지는 것을 고려하여 키 작은 해바라기를 심는 게 대세이다. 나보다 더 키가 큰 해바라기가 많던 예전과 달리 관광객들의 눈요기가 필요하니 예쁘게 서 있는 모습의 해바라기를 원하는 추세에 따라 해바라기도 내 허리 밑으로 쑥 내려가 서 있다. 호로고루성 2,000여 평의 지역에 모두 심어 놓은 해바라기는 그곳이 고구려의 격전지였는지, 삼국시대의 격전지였는지 상상할 수조차 없다. 지명까지 무슨 뜻인지 알 수 없는 '호로고루'이니 그저 아름다운 카페가 있음직한 지명으로 여겨졌다. 들어가는 길이 비좁고 꼬불거리는 것을 보면 대충 요새였을 수도 있겠다는 어설픈 생각이 들 뿐이다. 하긴 수천 년 전의 요새가 요즘 같은 개명 천지에 무슨 소용이 있나 싶긴 하다. 지금은 그저 관광객과 사진인들을 불러들이는 해바라기의 눈웃음이 있을 뿐이다.

여러 달째 계속되는 코로나19의 마성에서 벗어나고 싶은 사람들이 마스크를 끼고서라도 도심을 떠나 찾아가고 싶은 곳, 호로고루성은 본연의 모습은 휙 던져 버리고 해바라기를 가득 끌어

안고 사람들을 불러 모은다. 역사가가 지금의 호로고루성 해바라기를 바라보며 역사를 재구성한다면 어떤 역사가 될까? 고구려와 삼국시대, 고려, 조선 시대의 역사까지 품고 있다는 호로고루성은 코로나19를 피해 마실 나온 사람들의 발길이 머물던 곳으로만 평가되고 말까? 아니, 아닐지도 모른다. 코로나19 대응책 이외엔 특별히 해낸 게 없어 보이는 정부의 호들갑을 피해 도망나온 이들의 휴식처로 재구성할지도 모른다.

수개월째 계속되는 코로나19 시대, 어떤 이는 지나친 코로나19의 대응으로 국민의 삶이 피폐해지건 말건, 국민의 정신마저 병들어가고 있는데도 아랑곳하지 않는 것 같아 가슴이 답답해진다고 한다. '코로나19'라는 구호로 점철된 매스컴과 정부의 몸부림이 어이없어져 가고 있음을 그들은 알까? 바이러스에 대한 두려움의 실체보다 더 큰 덩어리가 되어 정책이라는 이름의 굴레로 다가오고 있음을 느끼는 건 비정상일까?

며칠 전 한 지인은 견디다 못해 회사 문을 닫게 되었다며 정부가 소상공인을 위해 지원하는 제도는 구호에 그치고, 쥐꼬리 붙들고 빙글빙글 돌리는 형국에 진절머리가 난다며 울분을 토한다.

훗날 역사가는 코로나19 정국의 역사를 어떻게 재구성할까? 코로나19를 타개한 훌륭한 정책이었다고 할까? 코로나19에 매달려 국민의 삶을 내던져 버렸다고 평할까? 점점 더 심해져 가는 코로나19에 대한 공포가 세상살이를, 사람들을 불안하게 한다.

호로고루성의 성루에 서서 생각에 잠긴다. 여기는 오늘 코로나19의 공포 몰이를 피해 도망 나온 이들의 휴식을 위해 고구려인들의 정신적 부분까지 다스리던 성의 본연의 임무에 충실했던 곳이라고 재평가함이 옳을 듯하다.

호로고루성의 역할이 그것임이 명백해 보임은 코로나19의 굴레에서 벗어나고 싶은 강한 열망 때문이리라.

2020. 9. 24.

3

나를 보는 나

나를 보는 나

오랜만에 맞은 토요일이다. 아직 겨울의 잔재가 아주 물러간 것은 아니지만 제법 햇살이 따사로워짐을 느낀다. 우선 거실에 놓여 있던 화분들이 베란다로 옮겼는데도 살 만한지 한껏 물을 올리는 것을 보면 봄이 코 밑까지 오긴 온 모양이다.

바쁘다는 핑계로 밀려 놓았던 글쓰기에 공을 좀 들여 볼 요량으로 책상에 앉았다. 지난 수업 시간에 발표한 글을 손을 좀 볼 생각이었다. 수필용 파일을 찾았다.

아뿔싸! 파일박스가 통째로 보이지 않는다. 자동차에 있겠구나 싶어 쏜살같이 주차장으로 갔다. 호기롭게 자동차 뒷좌석의 문을 열었다. 깨끗하다, 깨끗해도 너무 깨끗하다. 아차! 싶었다. 집으로 다시 돌아와 여기저기 찾아봐도 그림자도 보이지 않는다. 소파에 털썩 주저앉았다. 어디에 두고 왔을까? 벌써 이틀이나 지났으니, 이를 어쩌나. 머릿속이 텅 빈 상태이다. 수업 시간에 수강생들에게 받은 경비까지 무려 50만 원이나 고스란히 노트 갈피 속에 넣어 둔 상태이다. 동료인 P에게 전화를 걸었다. 자초지종을 듣고 난 P는 자기 같으면 머리를 박고 싶을 거란다. 우선 점심을 먹은 식당으로 가 보라며 위로 아닌 위로를 한다. 주차장으로 가는 동안 머리를 아무리 굴려 봐도 진공상태이다. 아무것도 기억이 나질 않았다. 강의실에 두고 왔을까?, 설마 전쟁터에 나갈 병사가 훈련소에 총을 두고 왔단 말인가? 아니 전쟁터란 표현이 너무 강했었나? 전쟁터나 다를 게 무엇인가? 생애 첫 글쓰기여서 내 나름대로는 총력을 기울이는 일이니. 들고 다니던 파일을 잃어버리고도 짐작조차 못 하고 있었으니, 이게 무슨 일이람.

자동차를 몰고 집을 나서는데 오만가지 생각이 꼬리를 문다. 금요일 날 세 들어 살던 세입자에게 환기하지 않아 곰팡이가 생기고 집을 험하게 썼다고 잔소리해댔다. 청소비를 공제하겠다는 소리까지 하였으니 남의 가슴을 아프게 한 죄인 줄도 모른다는 자책감이 스멀거리며 올라온다. 파일박스만 찾으면 그 일도 없었던 일로 하고 월요일엔 잔액을 전부 보내 줘야겠다고 다짐하기도 한다. 학교 행정실은 문을 닫았으니 오늘은 확인할 도리가 없는 일이다. 우선 식당에 들러 보기로 하고 식당 앞에 차를 세웠다. 물론 불법 주차이다. 마음이 다급해져서인지 그 생각은 하지도 못했다. 식당 문을 열고 들어섰다. 휴일이어서인지 손님은 없고 주인아주머니 혼자 계신다. 들어서자마자 이리저리 두리번거린다. 아주머니께서 무얼 찾느냐고 묻는다. "지난 목요일 점심때요, 제가 여기 두고 간." 말이 채 끝나기도 전, 오른쪽 선반 위에 놓여 있는 내 파일박스가 방싯 웃는다. 이렇게 반가울 수가. 첫사랑 그 남자가 눈앞에 나타난다고 하더라도 이렇게 반갑진 않았을 것이다. 내 얼굴이 화사해짐을 느낀다. 긴장이 한순간에 확 풀렸다. "어, 내 파일박스 여기 있네, 사장님 이거 제 것이에요." 아신단다. 자주 오는 손님이라 그럴 것 같아 잘 보관해 두었단다. 그리고 손님이 두고 간 물건은 누가 가져가지만 않는다면 항상 잘 보관해 두신다고 한다. 요즘은 손님들도 남의 물건에 손을 잘 안 대니 어디에 두고 갔는지 안다면 걱정할 필요가 없다는 이야기까지 덧붙인다. 감사함이 하늘 끝에 닿았다. 노트를 펼쳐보니 거금 오십 만원이 방긋이 웃는다.

그제야 불법 주차된 자동차가 생각났다. 얼른 감사하다고 이야기하고 식당을 나와 자동차에 올랐다. 불과 3, 4분 정도 CCTV에 찍혔다면 주정차 위반 고지서가 날아오겠지. 겸연쩍은 마음에 뒤통수를 벅벅 긁었다. 책상에 앉으니 마음이 한결 부드러워진다. 지난 시간에 읽었던 수필을 수정하는데 거리낌이 없다. 마음이 한껏 부풀어 올라서다.

갑자기 금요일 날 집을 비운 세입자가 생각났다. 조금 전에는 분명 마음 쓰게 하지 말고 조금 손해 보더라도 나머지 돈을 다 보내 줘야겠다고 다짐했던 일이다.

손해 보는 느낌이 다시 스멀거린다. 내가 생각해도 어이가 없다. 하긴 엄밀히 말하면 청소비나 원상복구 비용을 공제하는 게 맞는 일이긴 하다. 이럴까 저럴까 생각이 머리를 떠나지 않는다. 누구 말마따나 어디 들어갈 때 다르고 나올 때 다르다더니 내가 딱 그 모양새다. 조금 손해 보는 게 마음 편한 일이긴 하다. 그래도 약이 오르는 건 어쩔 수 없다. 월요일까지 조금 손해 보는 게 낫다는 이 생각이 변하지 않길 간절히 빈다.

내 간사한 마음의 끝은 어디일까? 한 발짝 비켜서서 나를 보는 나를 점검해 본다.

2019. 3. 17.

향긋한 냄새

5월을 일컬어 가정이 달이라고 한다. 근로자의 날을 필두로 어린이날, 8일은 어버이날, 15일은 스승의 날, 심지어 석가모니의 탄생일인 초파일까지 끼어들면 그야말로 무슨 날로 꾸며진 달력이 빨간색 일색이다. 거기에 더하여 우리 집엔 사월 초사흘이 교문리 어머니 생신, 초닷새가 아이 아빠 생일까지 겹쳤으니 그야말로 5월 한 달은 기념일 투성이인 셈이다. 받아먹는 어버이나 아이들은 신이나 죽을 지경인지 모르지만, 이 모든 행사를 치러야 하는 하나밖에 없는 아들, 며느리는 그 반대로 죽을 지경일게 뻔한 일이다.

예전 같으면 이 5월의 황금연휴를 얼마나 황금처럼 쓸까를 고민하며 몇 달 전부터 계획을 세웠을 테지만, 이제 어엿한 어른이(어린이들이 어른을 빗대어 이르는 말)가 되고 보니 그도 만만치 않다. 우선 지방에 사는 아이들이 그 먼 거리를 어린 손녀까지 모시고

(?) 올라오니 꼼짝없이 기다려주는 도리밖에 없다. 이게 어른이의 도리이니 어쩌겠는가? 아들에게 전화했다. 언제 올라올 예정을 알아보기 위함이다. 아들은 심드렁하게 글쎄 아직 정확히 잘 모르겠다는 투이다. 속으로는 약간 짜증이 났지만, 꾹 참았다. 너희들이 올라올 일정을 알아야 나도 연휴 계획을 세울 수 있다며 아주 부드러운 목소리로 물었다. 아 그래! 엄마 알았어, 아내랑 얘기 보고 연락해 준단다. 그것도 혼자 결정 못 하냐며 어이구 이런! 하고 속으로만 외쳤다. 이틀 후쯤 알려왔다. 4일에 올라온다는 얘기이다. 어떻게 할 예정이냐는 물음을 다시 되물어 온다. 어떻게 할까? 아주 크게 선심 쓰는 척하며 말했다. 처가에도 가고, 친구도 만나고 맨 마지막에 오라고 했다. 그러겠다고 한다. 엄마 우리 신경 쓰지 말고 그때까지 어디 여행이라도 갔다 오란다. "그래 알았어. 일요일부터는 집에 있을 테니까 걱정하지 말고 놀다 오라"며 크게 선심을 썼다. 사실 솔직히 말하면 그 애들이 선심 쓰는 것이긴 하다.

금요일 오후 원대리의 자작나무 숲을 향하여 떠났다. 사진을 찍을 예정이니 늦어지면 밥조차 먹을 수 없을 것 같아 도시락까지 준비했다. 갓 지은 밥을 푸고, 어머니가 만들어 주신 열무김치, 파김치, 오이소박이, 김, 오이고추에 집 된장을 준비했다.

자작나무 숲 인근 식당에서 일전에 먹어본 산나물 비빔밥을 점심으로 먹자던 계획은 여지없이 무너져 버렸다. 자작나무 숲 오픈 일이 다음 날(4일)이니 그날부터 장사를 시작할 예정이라

재료만 준비되어 있어 내일 보자며 간단히 거절하고 만다. 평안감사도 제가 싫으면 그만이니 어쩔 수 없는 일일밖에. 다행히 챙겨간 도시락이 있으니 천만다행이다. 자작나무 숲 앞에 이르니 멋을 한껏 낸 정자가 우리를 기다린다. I 펜션을 예약한 사람만이 누릴 수 있는 특권이다. 자작나무 숲은 자연보호를 위해서인지 자동차의 진입을 허락하지 않는다. 다만 I 펜션을 예약한 사람의 자동차만 등록해 놓고 통과시켜 준다. 무슨 특권(?)일까. 아마도 무언가 적법한 구실을 만들어 놓았을 것이다. 사람 사는 세상이 다 그런 것이니. 가파른 비포장 길을 자동차로 올라온 느낌이 이런 느낌이리라. 별것도 아닌데 괜히 특별한 느낌(?)이랄까. 물론 아직은 숲을 개방하지 않았으니 다른 사람들은 차는 고사하고 걸어서도 못 올라오는 곳이다. 하얀 등허리를 쭉 펴고 하늘을 향해 도도하게 서 있는 자작나무 숲에 오월의 찬란한 빛이 쏟아져 내린다. 그 풍경을 바라보며 준비해 온 도시락을 미리 까먹는 기분, 중·고교 시절 몰래 까먹던 도시락 맛 그 이상이다. 이에 더하여 밤이 되니 몇 안 되는 전등불마저 모두 졸음에 겨워 잠들어 버린다. 깜깜한 밤하늘의 별을 보며 옛 생각에 잠시 젖어 본다. 마당에 누워 마치 수를 놓은 듯 하얀 은하계의 빛나던 별을 바라보던 고향 집, 그 하늘의 별을 그리워하며.

그렇게 나의 연휴를 아이들 몰래 폼 좀 나게 즐기고 집으로 돌아와 연휴 내내 기다렸던 것처럼 얌전히 아이들을 기다렸다. 아들은 늦어져서 미안하다며 일요일 저녁 늦은 시간이 되어서야 겨우 집으로 왔다. 아들 내외는 원거리 여행에, 갖은 행사를 치러 내느라 파김치가 된 모양이다. 이제 겨우 14개월밖에 안 된 손녀는 생글생글 웃으며 재롱을 떨며 놀다 잠이 들더니 감기가 왔는지 자다 말고 잠이 깨어 자지러지게 울어댔다. 새내기 엄마인 며느리는 어쩔 줄을 몰라 안절부절못한다. 내 눈치가 보였는지 작은 방문을 닫고 들어가 앉으니 아이는 더욱 울어댔다. 괜찮으니 나오라며 문을 열었다. 아이가 우는 게 네 탓이 아니라며 아이는 다 그러면서 크는 것이니 걱정하지 말라고 하자 며느리까지 울먹거렸다. 잘 울지도 않고 방긋방긋 잘 웃어 모든 이들에게 사랑을 독차지하는 딸이 울어대니 당황스럽기도 하고 걱정이 되는 모양이다.

다음 날 아침 며느리도 몸이 아픈지 밥도 못 먹었다. 아기가 우는 통에 온 식구가 두어 시간 자고 말았으니 모두가 잠이 모자랐다. 설거지를 끝내고 모두 한숨 자자며 방으로 들여보냈다. 나도 거실에서 두어 시간 자고 나니 열두 시이다. 손녀딸이 먼저 잠에서 깨어 살며시 일어나 앉는다. 잠을 자고 나서인지 며느리도, 아이도 컨디션이 좀 나아진 모양이다. 성북동의 피자&스파게티집으로 가서 점심을 먹는데 며느리가 입맛이 돌아왔는지 맛있다며 잘 먹는다. 손녀딸도 덩달아 간식을 꺼내 엄마도 주고, 할머니(?)도 주고, 아빠에게도 꼬물거리는 손으로 입에 넣어주니 모두 귀엽다고 야단이다. 고슴도치도 제 새끼는 예쁘다는데 귀엽디귀여운 딸이니 오죽할까 싶다. 그렇게 오월의 연휴가 갔다. 또

다시 아들은 예닐곱 시간의 긴 귀갓길을 떠났다.

어버이날 오후이다. 며느리가 전화했다. "어머니 오빠 낳아 주셔서 감사해요. 어머니가 오빠를 낳아 주셔서 저희는 너무너무 행복하게 살고 있어요." "그래? 고맙다, 나도 너희들이 행복하게 살아줘서 고맙다." "제가 전화도 자주 못 드리고 잘해드리지도 못하는데 항상 저희를 이해해 주셔서 감사해요. 앞으로는 전화도 자주 드리고 잘해드리려고 노력하고 있으니까 어머니 조금만 더 기다려주세요! 열심히 노력해서 착한 며느리 될게요." 한다. "그래 그러렴, 고맙다."

아들에게 며느리가 한 말을 문자로 보냈다. 아들 녀석이 입이 헤벌쭉해진 모습이 눈에 선하다.

며느리의 그 말은 아마도 내 생애 최고의 어버이날 선물이 될 것 같다. 갖은 행사를 치러 내느라 바쁘고 고달팠을 아이들에게 미안한 마음이 생기는 것은 내 원대리의 추억 때문만은 아니겠지?

선물로 사다 준 에센스 한 방울을 얼굴에 떨어뜨려 발라본다. 향긋한 냄새가 가슴 속까지 스며든다. 삶이 온통 향기로워진다.

2019. 5. 8.

우산에 대한 소고(小考)

장마철이 되었다. 출근길에 손에 들려 있던 장마철 필수품인 우산이 어디론가 사라져 버렸다. 무려 8시간이 훌쩍 넘긴 퇴근 시간이 되어서야 생각났다. 하긴 우산이 지천인 세상이 되어서인지 걸핏하면 잃어버리는 게 우산이고 잃어버리고도 덤덤하게 되어 버린 지 오래된 것 같다. 비 오는 날을 좋아하는 편이어서 우산이며 우비가 여러 개 준비되어 있긴 하지만 잃어버린 줄도 모르게 사라져 버린 우산에 대해 아쉬움은 혹시 치매가 오는 게 아닌가 하는 염려까지 불러들이게 되니 마음이 쓸쓸해진다.

「쉘부르의 우산」이란 영화가 있었다. 세기의 연인이라 불리던 까뜨린느 드뇌브가 주연인 영화이다. 아주 오래전에 보았던 영화이지만, 뮤지컬 영화여서인지 기억에 오래 남아 있다. 항구도시 쉘부르에서 우산 가게를 하는 에머리 부인의 외동딸 주느비에브(까뜨린느 드뇌브)는 자동차 수리공인 기와 사랑하는 사이가 되었다. 프랑스령 식민지에서의 독립운동의 여파로 기에게 징집 영장이 떨어지고, 입대 전날 두 남녀는 제대 이후를 기약하며 함께 밤을 보낸다.

주느비에브는 기를 기다리지만, 그에게선 오래도록 소식이 없다. 가정 형편이 어려워져 보석을 팔던 주느비에브는 젊은 보석상 카사르를 만나고 그에게 청혼 받는다. 그녀는 불안한 미래를 두려워하며 이미 배 속에서 자라고 있는 기의 아이까지 받아들이겠다는 카사르와 결혼을 결심한다. 한편 기는 전쟁에서 다쳐 귀국하지만, 실연의 슬픔을 딛고 마들렌과 결혼하여 주유소를 차린다. 3년 뒤 어느 눈 내리는 크리스마스 시즌, 아내와 아이가 외출한 사이 우연히 기가 운영하는 주유소에 주느비에브와 그녀의 어린 딸이 탄 차가 기름을 넣으러 들어온다. 오랜만에 만난 과거의 연인은 짧은 안부를 물은 뒤 덤덤하게 헤어지며 영화는 막을 내린다.[1] 6~70년대 세계의 영화팬들의 가슴에 잔잔한 슬픔과 이별의 아픔을 느끼게 했던 영화이다. 절절한 이별, 운명적인 어긋남을 다루며 예외적으로 엄정한 현실을 받아들이는 비극적 결말로 끝난 영화는 해피엔딩 위주였던 그 시대 영화와는 다른 결말을 보였다.

비 오는 여름, 그가 떠나겠다는 말에 실연이라는 게 무언지를 알아야 했던 여름이다. 폭우가 쏟아지던 여름날, 우산을 가져다 달라는 내 부탁을 귀담아듣지 않는 그에 대한 반항이었을까? 폭

1) www.naver.com 참조.

우 속으로 걸어 나갔다. 놀란 그가 우산을 들고 쫓아왔지만, 그가 주는 우산을 받지 않았다. 그리고 무작정 걸었다. 30분, 40분쯤? 시간은 알 수 없다. 지금 생각해 보면 그쯤 되었을 것 같다. 행인들이 쳐다봤다. 어떤 이는 실연당했나 보다고 쑤군거리기도 했다. 온몸이 빗물에 젖었지만, 볼품 같은 거 생각나지 않았다. 그날 밤부터 시작된 몸살은 며칠을 꼼짝할 수 없게 했다. 그 몸살을 겪고 난 후 나는 훌훌 털어버리리라 마음먹었던 것 같다. 내던져 버린 우산 탓에 내 마음속의 찌꺼기들을 폭우가 씻겨 주었는지도 모르겠다.

「쉘부르의 우산」 속의 주느비에브와 기처럼 우리는 그 후 서로 다른 삶을 살았고 간섭하지도 증오하지도, 관심을 가지지도 않았다. 적어도 겉으로는. 그가 어땠는지는 알 수 없다.

삶이란 때로 진한 아픔과 고통을 겪고 나서야 더 진솔해지고 가치 있는 삶을 맞을 준비를 하게 되는지도 모른다. 지난 아픔들이 때론 커다란 후유증을 주기도 하지만 더 밀도 있는 삶을 살아내게 하는 기폭제가 되었던 것은 아니었을까? 일종의 성장통 같은 역할을 하였을지도 모를 일이다.

퇴근길에서 갑자기 떠올랐다. 아침 출근길에 음식물 쓰레기를 버리면서 그 앞에 우산을 고이 세워두고 왔음을. 그 우산이 뭐라고 갑자기 궁금해지기 시작했다. 있을까? 아니야 없을 거야. 벌써 누가 가지고 가버렸겠지? 갖은 상상을 하며 주차장에 차를 세우고 부지런히 발걸음을 옮겼다. 음식물 쓰레기 집하장 앞이다. 그 우산이 아침 출근길 그 모습 그대로 빙그레 웃으며 나를 맞는다. 가슴이, 눈이, 몸이 환해지며 더운 여름날에 올라오는 뜨거운 열기마저 반갑기 그지없다.

참 좋은 세상이다. 아침에 두고 간 우산이 그렇게 얌전히 날 기다려 줄 줄이야. 역시 뭐니 뭐니 해도, 무슨 일이 있어도 살고 볼 일이다. 그 모든 아픔을, 고통을 견디며 살아내다 보니 이처럼 기분 좋은 일이 기다려주지 않는가!

힘차게 우산을 폈다. 비도 오지 않은 하늘을 향해 높이 들고 빙글빙글 돌려보았다. 멀쩡한 모습으로 방긋 웃는다.

2020. 6. 28.

허리띠를 졸라매고

육이오가 끝나고 폐허가 된 이 땅에서 살아남아야 했던 우리 세대는 부모님이 허리띠를 졸라매고 버텨야 한다는 말씀을 성경처럼 믿고 살았다. 성장기에는 부모님의 뜻에 따라 허리띠를 졸라매야 했고, 성인이 되어서는 자식들을 위해, 장년이 되어서는 부모님을 위해, 은퇴 후에는 노후를 위해 여전히 허리띠를 졸라매고 살아야 하는 형편에서 놓여나지 못하고 있다. 그렇다 하더라도 무료로 급식을 받아먹어야 하는 그분들의 허리띠에 관한 생각과는 천양지차일 것이다.

1부 합창 연습이 끝나고, 간식 시간이다. 앉아서 먹으라는 내 말에 지인이 대뜸 한 말이다. "앉으면 많이 못 먹어요." 몸집이 제법 실팍한 그녀를 향해 아직도 모자란 모양이라며 눈웃음을 날린다. 물론 우스갯소리다.

불현듯 어느 추운 설 연휴 날이 떠올랐다. 종로에 있는 모 종교시설에서 해마다 설날과 추석 명절 연휴에만 무료 급식 봉사하는 후배를 잠깐 도운 일이 있었다. 요즘은 각 기업이나 단체에서 평일에는 무료 급식을 제공하는 데가 많으니, 무료 급식을 받는 사람들은 이곳저곳의 무료 급식소를 찾아다니며 기호에 맞는 음식을 골라 먹을 수 있다는 얘기까지 나온다. 그러나 추석이나 설날 같은 대명절 연휴에는 모두가 고향으로 차례를 지내러 가거나 여행을 가버리는 바람에 무료 급식을 제공하는 데가 없다 보니 연휴 기간 3~4일을 꼬박 굶어야 한다는 것이다. 후배는 이 기간에 평소 무료 급식을 제공하던 종교시설을 빌려 그들에게 음식을 제공한다. 봉사자들이 십시일반 약간의 후원금을 내고, 음식 봉사는 봉사자들이 도맡아서 봉사한다.

봉사 장소 앞에는 300여 명 이상의 사람들이 줄을 서서 기다리다 사오십여 명씩 교대로 시설에 들어와서 떡국 등을 대접받는다. 날씨가 추우니 밖에서 기다리는 사람들도 발을 동동 구르며 차례가 오기를 기다릴 수밖에 없다. 안에서 봉사하는 사람들 또한 그들대로 분주하다. 줄어들 줄을 모르는 사람들을 바라보며 만감이 교차한다. 우리가, 사회가 해야만 할 일들에 관한 생각들을 머릿속에 가득 채우고 몸은 부지런히 움직여야만 한다. 일 분이라도 빨리 그분들에게 음식을 드려야 하기 때문이다. 추운 겨울날에 그분들은 며칠 동안 굶다가 급식 소식을 듣고 먼 길을 온 사람들도 있다고 한다. 고작해야 김치 등 단출한 반찬에 큰 솥에서 한소끔 끓여낸 떡국 한 그릇이지만, 그들에게는 꽁꽁 얼었던 몸을 녹여줄 따끈한 한 끼인 셈이다. 남들은 너무 많이 먹어서 살이 찐다고 아우성치는 명절 연휴에 식사를 건너뛰어야 했던 서러운 시간에 대한 보상이 될 수는 없겠지만, 얼어버린 마음을 조금이라도 녹여 줄 수는 있을지도 모른다는 기대가 부지런히 몸을 움직이게 한다.

서툰 솜씨로 음식 나르는 일을 하던 나는 한 아저씨가 창가의 선반에 음식을 올려놓고 서서 드시는 장면을 목격했다. 얼른 달려가서 자리가 있으니 앉아서 드시라며 팔을 잡았다. 괜찮다며 손사래를 치는 그분을 향해 방석까지 챙겨 드리며 앉아서 드시라고 다시 권했다. 그분은 고맙다며 웃어 보이고는 앉아서 먹으면 많이 못 먹는다며 허리띠를 푸는 모습을 보여 주신다. 가슴이 먹먹했다. 어떤 말도, 위로도 할 수 없었다. 그저 "네 알겠습니다."라고 말하고는 아무 말 없이 떡국 한 그릇을 더 갖다 드리고 돌아섰다. 그렇지 않아도 무료 급식 장면을 카메라에 담는다며 카메라를 들고 나갔다가 그들의 표정을 보고 슬며시 카메라를 거두었던 참이었다. 떡국 한 그릇을 비장한 표정으로 비우는 그들을 향해 카메라를 들이댔다가 갑자기 몰려오는 부끄러운 마음을 주체할 수 없었기 때문이다. 그분들의 불우한 처지를 그저 무료 급식 제공자라는 이유만으로 카메라에 담기에는 자꾸만 부끄러워져 가는 마음을 숨길 수 없었다. 그 이후 나는 다시 그곳에 카메라를 들고 가지 않았다.

후일 그 시설에서는 이상한 일도 일어났다. 그 시설의 장은 우리가 봉사한 내용을 담당 기관에 보내어 보상금(후원금)까지 챙겼다는 후문이다. 무료 급식을 주관하던 후배는 속이 상했는지 급식은 당분간 중단되었다. 얼마 지나지 않아 후배는 재개했다. 그가 나서지 않는다면 명절날 다시 사나흘을 굶어야 하는 그분들이 떠올랐기 때문이라고 한다. 나는 요즘 가지 못한다. 체력이 약해 봉사하기가 겁나서이다. 핑계일지도 모르겠다. 아직은 내가 그 후배만큼 그분들을 사랑하는 마음이 모자라서가 아닐까? 나를 제외한 다른 이들은 여전히 그곳에서 그분들을 위해 올해 명절에도 무료 급식 봉사를 이어 나간다고 하니 그네들이 건강이라도 기원해 줘야겠다.

요즘 우리는 허리띠를 졸라매지 않아도 되는 세상에 산다. 헬스클럽에서 운동하면서, 때로는 밥을 너무 많이 먹게 될까 봐 허리띠를 졸라매는 우스운 행동까지 하며 산다. 이제 대부분 사람은 밥을 많이 먹어두기 위해 졸라맨 허리띠를 풀지는 않아도 되는 그런 세상에 사는 행복한 사람들이 되었다.

아직도 즐겁고 행복해야 할 명절 연휴에 끼니조차 건너뛰어야 하는 그분들도 하루빨리 많이 먹게 될까 봐 허리띠를 졸라매어야 하는 세상이 되길 간절히 바라는 마음이다. 그런 마음을 담아 내 마음의 허리띠를 졸라매고 겨울빛이 찬란히 빛나는 하늘을 향해 크게 한번 심호흡해본다. 때로는 후배의 아름다운 행동에 슬며시 숟가락만 얹어 놓았던 내 행동이 조금씩 부끄러워질 때도 있다.

2018. 2. 3.

두근두근 숲길

비가 왔다. 아직 4월인데도 마치 여름 장맛비처럼 줄기차게 내리고 있었다. 이틀을 절물자연휴양림 사진 찍기에 새벽부터 몰두했던 터라 쉬려고 작정한 날이다. 산행을 마치고 온 오빠가 무심코 툭 던진 한마디가 기폭제가 되었을 것이다.

"선흘리 동백 숲에 빛이 들어온 사진이 아주 멋있더라." 그렇지 않아도 오전 내내 책을 들고 있던 손이 지쳐가고 있을 무렵이었다. 얼른 인터넷을 검색했다. 오빠 집에서 30여 분 가면 되는 곳이었다. 제주 사람들이야 차로 30분이면 아주 멀게 느끼지만, 서울살이를 오래 한 나야 별것 아닌 거리이다.

"오빠 자동차 키 좀 주세요." "지금 가게?" 이렇게 비 오는 데 갈 거냐는 눈빛이다.

50여 년 전쯤 함덕에 사는 고모를 따라 고모네 밭에 갔던 기억이 전부인 곳이다. 이미 그곳에도 외지인들이 들어와 고급 주택을 지어 군데군데 새로운 마을을 형성하고 토착민들의 살림살이도 많은 변화가 있었는지 예의 그 산골 마을, 자동차도 안 다니던 곳은 아니었다.

'선흘곶 동백동산'이란 관광 안내소까지 세우고 커다란 주차장까지 구비해 놓았다. 조금 그치는 듯하던 비는 내가 카메라 가방을 메고 우의를 입고 나서자 기다렸다는 듯이 빗방울이 굵어지기 시작한다. 아랑곳하지 않고 숲속으로 들어섰다. 자갈투성이인 좁은 길로 들어서자 울창한 숲이 빗방울을 막아선다. 깊고 울창한 숲에 들어서면 어느 정도의 비는 오히려 숲이 가려주기도 하니 충분히 갈 수 있을 것 같았다. 용기를 내었다. 비가 오는 탓이기도 하고 이미 오후 2시를 넘어서고 있으니 안개는 있을 리 없다. 하지만 저 숲속 깊은 곳에 비 내리는 모습을 받아 안은 멋진 모습의 숲이 간간이 스며드는 아슴푸레한 빛을 받아낼지도 모른다는 막연한 기대감이 있다. 머뭇거리는 발길을 재촉한다. 조금 앞서간 부부가 있었으니 발걸음을 재촉하면 그 부부와 앞서거니 뒤서거니 갈 수 있을 것 같아 무서움은 얼른 숨겨버렸다. 숲길을 7~8백여 미터 들어갔을 때쯤이다. 앞서가던 부부가 뒤돌아선다. 무서워서인지, 비가 와서인지 모르겠으나 우산을 들고 있으니 어쩌면 무서워서인지도 모르겠다. 물어볼 수도 없고 고민이 시작되었다. 나 또한 무서운 건 마찬가지이기 때문이다. 그 자리에 멈추어 서서 잠깐 고민에 빠졌다. 그리곤 카메라는 가방에 집어넣었다. 비가 점점 거칠어져 가고 있으니 사진을 찍기도 곤란하였다. 아니다, 사실 레인 커버 등 장비를 준비하였으니 못 찍을 바는 아닌데 사실로 말하자면 비싼 장비에 눈독 들인 사나운 눈빛이 나타날까 두려움이 더 크기 때문이다. 그리곤 전진했다.

이 빗속의 산책을 포기할 수 없기 때문이다. 이 고즈넉한 깊은 숲길, 발아래 오래된 낙엽이 발길을 편안히 잡아주고 적당히 세찬 빗소리가 숲속의 교향곡을 만들어 주는 숲길, 마치 아무도 간 적이 없는 듯한 나만의 숲길(?)을 어찌 포기할 수 있단 말인가. 그냥 걸어보기로 했다. 5.2킬로이면 시간 반이면 족할 터이니 용기를 내자 다짐한다. 콧노래도 불러보고, 어릴 적 이 동네의 모습도 그려보며 격세지감을 느껴보기도 했다. 한참 동안 나만의 가벼운 발걸음으로 숲을 독차지한 왕이 된 심정으로, 비가 점점 더 드세어지기 시작한다. 벌써 반 이상을 와 버린 후이니 돌아갈 수도 없는 노릇이다. 빗소리가 거세어질수록 가슴 한편에 숨겨 놓았던 무서움이 조금씩 자라기 시작했다. 모퉁이를 돌아서자 바람까지 거세어진다. 무서움도 바람처럼 온몸을 휘감는다. 발걸음을 재촉했다.

하얀 표지판이 보인다. '토틀굴'이라는 설명이 붙어 있다. 용암동굴로 4·3 당시에는 사람들이 피신했던 곳이다. 그네들이 공비였는지 민간인이었는지는 알 수 없으나 깊고 깊은 곳으로 숨어들어야 했던 사람임에 틀림이 없을 것이다. 그들은 얼마나 무서웠을까? 서슬 퍼런 총부리가 무섭고, 행인조차 어느 쪽인지 알 수 없었을 테니 저런 토굴 속으로 숨어들 수밖에 없었을 것이다. 예전에 엄마의 옛이야기에 등장했던 곳일 수도 있다고 생각하게 된 것은 이곳이 깊디깊은 곶[1]이었기 때문이다.

무서운 마음에 가슴이 두근거리지만, 더 이상의 선택지는 없었다. 빨리 이곳의 산책(?)을 끝내는 수밖에. 먼물깍[2]이 삼 분의 일쯤 남았을 때이다. 낮익은 음악 소리가 들려왔다. 뒤돌아보니 어떤 여자가 뒤따라오고 있었다. 행색으로 보아 내 나이쯤, 아니면 조금 젊어 보이는 것도 같다. 정말 다행이다 싶었다. 여자이니 당연히 안심되었다. 조금 가다가 사진 찍는 척하고 조금 뒤떨어져서 따라나섰다. 발걸음이 나보다는 조금 빨랐지만, 부지런히 따라갔다. 비가 오는 숲속이어서 기온이 많이 내려갔었지만, 그녀를 따라잡느라 땀이 온몸을 후끈거리게 했다. 드디어 먼물깍에 도착했다. 예쁜 정자도 하나 있었다. 그녀는 이미 도착해 있었다. 그녀가 말을 걸어왔다. "혼자 오셨나 봐요?" 도착하자마자 먼물깍 사진을 찍던 내 귀에 들인 음성은 남자의 목소리였다. 깜짝 놀라 뒤로 돌아섰다. 그녀는, 아니 그는 여자처럼 머리를 길게 기른 남자였다. 가슴이 두근두근 방망이질 쳤지만, 꾹 참았다. 그리고 반갑게 웃어 보이며 인사했다. "안녕하세요? 어머 여자분인 줄 알았어요." 상대방도 웃어 보였다. 두근거리는 가슴은 몰래

---

1) 곶자왈은 나무·덩굴식물·암석 등이 뒤섞여 수풀처럼 어수선하게 된 곳을 일컫는 제주도방언이다. 4개 지역 중 선흘리는 조천-함덕지대에 속한다.

2) 마을에서 멀리 떨어져 있다는 의미의 '먼물'과 끄트머리라는 의미의 '깍'에서 유래된 이름이다. 과거에는 생활용수나 가축의 음용수로 사용되었다. 이곳은 물을 잘 통과시키지 않는 용암대지의 오목한 부분에 물이 채워져 만들어진 습지이다.

숨기고 빨리 이 순간을 타개할 방법을 찾아야 했다. 예의 그 사건이 머리를 스쳤다. '성산의 올레길 살인사건' 정신을 차리자, 호랑이굴에 잡혀가도 정신만 차리면 된다지 않는가. 말투로 보아 제주 사람도 아닌 것 같았다. 빨리 신상 파악해야 한다는 생각이 들었었는지 제주도 사투리가 불쑥 튀어나왔다. "제주도 사람 아닌 거 담수다 양"[3] 원래 제주도 사람은 아니고 3년 전에 이곳에 왔다가 동네가 너무 좋아서 이곳에 내려와서 산 지 3년이 지났다는 얘기이다. 혼자 무섭지 않으냐며 자기는 매일 이 숲을 운동삼아 산책하고 있다며, 어디서 왔느냐고 묻는다. 제주시에서 왔고, 비가 오는 숲속 사진이 어떨까 싶어서 왔다며, 나도 가끔 산책하러 와야겠다며 묻지도 않은 얘기까지 덧붙였다. 그리고는 자연스럽게 동행인이 되었다. 1킬로쯤 약간 넓어진 길을 내려오며, 내가 옛날의 선흘리 모습을 얘기해 주기도 했다. 그도 아직은 많이 알려지지 않아 호젓하게 찾을 수 있는 숲이라며 숲이 아름다움을 이야기한다.

아름다운 숲길에서였기 때문일까? 어느새 내 마음속의 두려움은 종적을 감췄다. 그가 의연한 척하는 내 마음속의 두려움을 이미 눈치 채고 있었는지 무서우면 차도로 가라며 친절히 안내까지 해 준다.

비는 더욱 거세어진다. 가방 속의 카메라가 말을 걸어온다. 무서움 따위에 치여 그 아름다운 숲길을 포기할 수 있겠냐는 투이

3) 제주도 사람 아닌 것 같습니다만. 약간의 의문문을 포함한 내용이다.

다. 숲길로 들어섰다. 다시 들어선 숲길에선 비교적 편안한 마음이 되었다. 카메라의 부추김에 슬며시 만용이 발동한 탓이리라. 다시 콧노래를 불렀다. 800여 미터의 숲길을 걸어 나오며 나의 마음속엔 이미 두려움 따위는 남아 있지 않았다. 그 숲에서의 두려움을 동반한 짜릿함을, 빛속의 고즈넉한 아름다움을, 그 숲속의 두근거리는 신비함을 즐기고 있었다.

2018. 4. 22.

달리는 아이들

사십 이삼 도를 오르내리는 열사의 땅, 에티오피아의 에르뜨알레 화산으로 가는 길목에서다. 길바닥은 날카로운 화산 바위와 돌투성이이고 흙먼지가 휘몰아치는 길을 자동차는 겨우 20여 킬로를 오르락내리락하는 속도로 달릴 수밖에 없는 척박한 곳이다. 곳곳에 흙먼지가 회오리바람을 안고 돌며 용오름을 만드는 모습, 그 척박한 정도를 가늠케 하는 땅이다. 도무지 사람이 살 수 있을 것 같지 않은 그곳에도 여전히 사람들은 살아가고 있었다. 겨우 두세 마리의 염소나 양, 또는 소를 몰며 풀을 뜯기는 아이들, 그 아이들은 우리의 자동차를 발견하자 미친 듯이 내달리기 시작했다. 땀범벅이 되어 달리던 그네들의 눈에 우리는 어떤 모습이었을까?

미국의 심리학자 에이브러햄 매슬로우는 인간의 다섯 가지 욕구를 생리적 욕구, 안전의 욕구, 사회적 욕구, 자존의 욕구, 자기

실현의 욕구로 구분하였다. 가장 기초적인 욕구인 생리적 욕구를 먼저 충족하려 하고 그 욕구가 충족되면 그다음 단계인 안전의 욕구, 사회적 욕구 등을 충족시키며 우선순위에 따라 단계적으로 욕구를 충족하려 한다는 내용이다. 6~70년대를 살아 내는 동안 우리는 가장 기초적 욕구인 생리적 욕구인 생존을 위한 몸부림으로 안전, 사회적 욕구, 그런 것이 존재하는지조차 몰랐다. 대부분 국민이 오직 밥을 먹기 위해 동분서주해야 했던 그때, 안전이 무슨 소용이 있단 말인가? 우리의 오빠, 아버지들은 탄광의 막장을 향해 서슴없이 들어가야 했고, 안전 장구도 없이 성난 파도를 헤치고 바다로 나아가야 했다. 70년대 80년대쯤 되어서야 산업사회의 부산물로 발생하는 산재 사고에 대한 조명이 겨우 이루어져 산재보험 시행되었던 것으로 기억한다.

88서울올림픽이 열리고 세계만방에 대한민국이 있음이 알려지게 될 즈음에야 사회적 욕구인 사랑을 주고받고자 하는 사랑의 욕구, 소외되지 않으려고 어떤 집단에 소속하고 싶어 하는 소속의 욕구, 자기의 일은 자기 스스로가 결정하고 싶어 하는 자율적 욕구, 다른 사람들로부터 자기의 존재를 인정받고자 하는 욕구 등에 대한 고민이 시작되지 않았을까 싶다.

국민소득이 3만 달러를 넘어섰다는 우리 국민의 욕구단계설의 도표는 어느 만큼의 위치에 올라와 있을까? 자존의 욕구? 아니면 자아실현의 욕구? 그도 아니면 다시 생존의 욕구로 돌아간 것을 아닐까? 물론 사람들의 욕구라는 게 일률적이지 않고 주관적인 수밖에 없으니 딱히 어느 단계일 것이라고 정의할 수 없을 것이다.

우리 세대의 젊은 날이 기초적 욕구 충족만을 위해 살아갈 수밖에 없었다면 지금의 아이들은 어떠할까? 삼만 달러 시대를 살아가는 사람들은 기초적 욕구를 생각할 필요조차 없는 것일까? 2030세대라 불리는 우리의 아이들은 태어나면서부터 이미 두 단계의 욕구는 충족되어 버린 셈이니 그들이 바라는 최고 단계는 어떻게 도달하려 하고 있을까? 자못 궁금하다. 아마도 기초적 욕구쯤 이제는 국가가 해 줄 것이라 굳게 믿고 있는지 모른다. 이른바 진보주의를 추구하는 일부 정치인들이 기본소득보장에 대한 공약을 가감 없이 받아들여 그네들의 삶을 책임져 줄 것이라 믿어 버리는 것 같다. 물론 그렇게만 된다면 두말할 필요도 없이 좋은 일이다. 그렇게만 된다면 말이다. 우리가 과연 그럴 만큼의 준비가 되었는지는 고민하고 있는지 모르겠다. 부강했던 나라 아르헨티나, 베네수엘라의 국민이 과도한 사회보장으로 어느 날 갑자기 돈을 자동차에 싣고 가도 기초생필품조차 살 수 없는 시대가 도래할 수 있음을 예측이나 했었을까? 우리도 그 전철을 밟게 되지나 않을까 걱정만 앞선다.

자갈투성이 길을 달리는 자동차와 함께 죽을힘을 다해 달리던 아이들, 땀범벅이 된 얼굴로 자동차를 따라 질주하던 에티오피아의 아이들이 다시 생각났다. 불과 오·육십 년 전에 그 아이들과 똑같았을 우리가 그곳으로 여행을 갈 만큼의 번영을 이룬 국가의 국민이 되어서 찾아간 곳, 그곳에는 오·육십여 년 전의 우리들의 모습이 있었다. 일행들이 말했다. 자꾸 저 아이들에게 사탕이나 먹을 것을 던져준다면 저 아이들은 계속해서 우리 같은 관광객의 자동차를 따라 질주할 것이고 그 에너지가 더 소모될 것이라며 주지 않아야 한다는 말이다. 그 말 또한 일리가 없지는 않을 것이다. 전쟁 후 우리네 어린아이들이 미군의 자동차를 따라 달리며 무언가를 원했던 것을 우리는 알고 있지 않은가. 그때 우리의 오빠, 언니, 우리들의 심경이 저 아이들과 같지 않았을까? 세상에 없는 과자나 초콜릿, 그리고 볼펜 등을 기대하며 전력을 다해 신발도 신지 않은 맨발로 자동차 유리창을 향해 애원의 눈빛을 보내는 그네들을 외면해야 한다면 너무 잔인하다는 생각이 듦은 어쩔 수 없었다. 창문을 열었다. 흙먼지가 뭉텅이로 유리창 안으로 들어왔다. 동료들의 성난 아우성을 뒤로하고 눈을 꼭 감았다. 그리고 별것도 아닌 정말, 우리에겐 이미 별것 아닌 것이 되어 버린 사탕 봉지와 볼펜 몇 자루를 던졌을 뿐이다. 그리고 귀를 막아버렸다. 동행인들은 아마도 그랬으리라. 잘했다고도 했을 것이고, 교장 선생님다운 설교도 있었으리라.

글벗인 L님의 빙하시대를 읽으며, 내 고향 제주에도 미군 부대가 몰고 가는 자동차가 있었다면 어김없이 나도 그 차를 따라 달렸을 것이라는 생각을 했다. 처음 보는 낯선 사람들, 그 사람들이 던져 주는 낯선 물건과 먹을 것들을 위해서.

매슬로의 욕구 단계인 생존의 욕구를 위하여, 아직도 여전히 사십여 도를 오르내리는 에티오피아의 불타는 에르뜨알레 화산의 아랫마을 아이들이 달리는 모습이 눈에 선하다. 그 아이들의 생존 전략이, 환경의 처절함이 가슴을 아리게 하기 때문이다. 그 아이들에게는 아직 2단계인 안전의 욕구 따윈 언감생심일 테니까.

이제는 먹을 것이 넘쳐나서 음식물 쓰레기 걱정까지 하게 된 나라의 국민이 된 것이 미안해지는 날이다.

2019. 4. 11.

사람이 무서워

만물이 소생한다는 계절 3월이다. 전 세계가 코로나19 충격에 휩싸여 두문불출이 미덕인 사회를 강요한다. 들엔 개나리, 산마루엔 아지랑이가 피어오르는 계절이 왔지만 사람 만나는 게 두려운 세상이 되어 버렸으니 집 밖이 무서워지고 말았다.

동녘 하늘이 불그스레 물들기 시작한다. 겨우내 움츠렸던 나뭇가지에 바람이 살랑이며 유혹한다. 갑자기 운동 방의 러닝머신이 꼴도 보기 싫어진다. 지은 죄도 없는 러닝머신이 갑자기 꼴 보기가 싫어진 것은 밝아오는 아침 녘 개운산 산책길이 몹시 그리워서이다. 누군가 그랬다. 오히려 밖이 더 안전하다고. 탁 트인 공간에 겨울을 견디어 낸 나무들이 물이 올라오는 계절이니 공기를 정화해 주고 소독(?)까지 해 줄 것이라는 굳은 신념이 솟구쳐 오른다. 그래 가는 거다. 마스크도 하고 장갑도 끼고, 새벽이니 사람도 안 올지도 모른다는 생각을 굳히고 만다.

오랜만에 나선 산책길, 예상대로 사람이 없다. 나를 기다렸다는 듯이 촉촉이 젖은 숲속 흙길을 간다. 지난가을 언 땅에 발이 시릴 나무들을 위해 소복이 덮인 낙엽들도 이제 봄기운에 물이 올랐는지 촉촉해진 모습이다. 30여 분을 걸으니 마스크도 벗어버린 내 폐부로 신선한 공기가 마구 들어온다. 속도를 올리니 목덜미에 땀이 솟는다. 이어폰을 타고 들려오는 음악과 새소리가 어우러지니 그야말로 봄의 교향악이다.

산허리를 돌아서려는데 갑자기 사람이 이쪽으로 오고 있다. 그도 마스크를 벗은 모양이다. 갑자기 전신이 긴장 상태에 돌입한다. 얼른 마스크를 썼다. 그도 나를 보더니 마스크를 쓴다. 예전 같으면 낯선 사람이라도 안녕하시냐고 인사를 나누며 지나쳤을 텐데 눈도 안 마주치고 얼른 지나친다. 사람이 이리 무서워지다니!

초등학교 때의 일이다. 아랫마을에 문둥이가 산다는 소문이 돌았다. 조무래기였던 우리는 그 문둥이가 아이들의 간을 먹어야 낳는다는 정설을 굳게 믿었다. 30여 분을 걸어가야 했던 등하굣길은 그 마을 옆을 끼고 길이 나 있다. 두려움에 아이들은 짝을 지어 다니곤 했다. 혼자 다니다가 자칫 문둥이에게 간이 때일 위험이 도사리고 있으니 얼마나 무서웠겠는가. 6학년이 되자 중학교 시험을 보기 위해 담임선생님은 십여 명의 아이들에게 방과후 특별과외를 해 주셨다. 다른 아이들은 과외비를 냈던 것으로 알지만 형편이 안 되는 나는 공짜로 받았던 것으로 기억한다.

어느 날 동네 친구인 숙이와 싸웠다. 이유는 기억나지 않는다. 그녀는 화해를 요청했지만 나는 한마디로 거절했다. 이게 문제였다. 과외는 늦은 저녁이 되어야 끝나니 그 무서운 길을 깜깜한 밤에 혼자 걸어가야 하는 신세가 되고 말았다. 둘은 서로의 눈치를 보았다. 누군가가 먼저 나서면 같이 따라갔다. 둘은 말을 하지 않으니 신작로 길 양옆으로 나란히 떨어져서 말없이 집으로 가는 일이 반복되었다. 문둥이가 나타나 간을 떼어 갈지도 모르는 그 길은 종종걸음을 치며 가다 보면 어느새 온몸은 땀범벅이 된다. 마을 입구에 거의 다다르면 그제야 엄마는 귀가가 늦어지는 딸의 마중을 나선 모양이다. 저만치서 호인이냐고 물으신다. 한달음에 달려가 안긴 엄마의 품속은 내 평생 더없이 따뜻하고 안전한 곳이었던 것 같다. 둘이 재잘거리며 오던 애들이 멀리 떨어진 모습에 엄마가 하신 말씀이다. "사람이 제일 무섭기도 하고 사이좋게 지내면 사람이 제일 좋기도 한 거란다." 그 말씀을 이해하는데, 걸린 세월이 수십 년이다.

> "보리 피리 불며
> 방랑의 기산하(幾山河)
> 눈물의 언덕을
> 피-ㄹ 닐니리."

천형의 시인이라 불렸던 문둥이 시인 한하운의 「보리피리」가 갑자기 생각난다. 소록도로 가야만 했던 그 길이 얼마나 무서웠을까?

그 친구는 10여 년 전 일본에서 위암에 걸려 하늘나라로 가 버렸다. 이 아침 그 친구가 나를 보고 있다면 무슨 생각이 들까? 선생님의 권유로 화해하게 된 우리는 다시 사이좋은 친구가 되었고, 밤길 문둥이에게 잡아먹힐 염려를 공유하며 함께 걸었다. 왜 그런 어이없는 소문이 돌았는지 알 수 없지만, 우리의 우정을 더 돈독하게 해 주었던 것만은 틀림없다.

요즘은 이상한 세상이 되어가고 있는 것 같다. 사람들이 무서워진 세상이 되어가고 있다. 예전에는 귀신이 나타날까 무서워 누군가가 사람이 나타나면 그리 반가울 수가 없었는데 이제는 사람이 나타나면 무서워진다. 귀갓길엔 여성들의 성적 안전이 위협받는다. 강도가 들어올까 무서워지고, 이젠 코로나19로 사람의 접근마저 무서워진다. 이러다가 무인도에 가서 살아야 하는 건 아닌지 모르겠다. 무인도에선 귀신이랑 살아야 하려나?

아침 산책길에서 만난 그들도 나를 무서워하며 눈을 내리깔고 호흡을 참아야 했겠지. 끝도 없는 이 무서움의 실체는 언제까지 계속될지? 아직은 치료 약도 없는 코로나19의 충격이 사람과 사람 간의 단절마저 키우고 있는 현실이 안타깝다.

이 무서움의 실체에서 언제쯤이나 벗어날 수 있을까?

2020. 3. 14.

늙은 아카시아

전국의 코로나19의 열풍에 몸도 마음도 위축되게 만든다. 그래도 여전히 새벽 산책길엔 개나리, 진달래가 피어오르고, 나무들은 새순을 돋우기 위해 뾰족뾰족 싹을 틔운다. 새로 돋아나는 새싹의 연초록 내음은 발밑에 밟힐 때마다 솟아오르는 흙냄새와 더불어 방역 마스크의 필터마저 뚫을 기세다.

어떤 바이러스가 이 봄의 내음을, 이 봄의 새싹이 돋아남을 저지할 수 있단 말인가.

아침 햇빛이 찬란하게 들어오는 베란다 문을 연다. 아직은 차가운 기운을 안은 맑은 공기가 집안으로 흠씬 들어온다. 미세먼지가 좀 들어온다고 바깥 공기의 신선함을 한껏 들이는 일을 그만둘 수는 없는 일이다. 창밖에 우뚝 선 40여 년이 훨씬 넘었다는 아카시아가 빙그레 웃는 얼굴로 나를 맞는다. 아직 새순을 틔우지 못했는지 지난해 달고 있던 잎새를 마저 떨구어 내지 못하고 주렁주렁 매달고 있다.

요즘은 계절이 들쑥날쑥, 봄이 오는 것도 가을이 가는 것도 제멋대로인 탓에 늙은 아카시아는 지나간 가을에 아껴 두었던 나뭇잎을 미처 떨구어 내지 못했는지 그 모습이 처량하다. 계절이 차례로, 차근차근 오고 감을 40여 년 동안 겪어 온 아카시아는 요새 살기가 버겁다. 기력이 떨어져서 추위를 더 타는지 봄인가 하여 새순을 틔우고 나면, 옆자리의 젊은 아카시아는 어느새 꽃을 피워 버린다. 아카시아가 꽃을 피우고, 무더운 여름을 견뎌내고 가을이 올 때도 계절은 그가 살아내던 계절의 절기를 잊었는지 들쑥날쑥한 바람에 미처 잎을 떨구어 내지도 못했는데 겨울이 되고 만다. 지난가을에 미처 잎을 떨구어 내지 못한 늙은 아카시아는 어쩔 수 없이 올봄에도 다 말라비틀어져 주렁주렁 매달린 지난해의 잎들 사이로 새순을 틔우고 꽃을 피워야 하니 몸이 천근만근이 된다.

지난 일요일이다. 코로나19로 사회적 거리 두기를 하라는 정부의 시책도 있고, 면역력이 약해진 나이가 되어 버린 우리의 몸 간수를 위해 친구조차 못 만나던 터라 오랜만에 잠깐이라도 보자며 약속한 터이다. 드라이브를 하든가, 집에서 보든가 그럴 심산이었다. 잠깐 사진 파일 정리 좀 하고 점심때쯤 연락하려고 앉았던 컴퓨터 작업에 나도 모르게 빠져버렸다. 친구는 핸드폰 문자로, 카톡으로, 전화로 여러 번 연락을 취해도 다섯 시간 가까이 감감무소식이 되어버린 내가 걱정되기 시작했다. 혹시 무슨 일이 있나 싶었다. 얼마 전 응급실에서 내 연락을 받은 적이 있었던 친구는 가슴이 철렁했다. 차라리 응급실이면 다행이란 생각까지 들기 시작했다. 혹시 집안에서 쓰러져 있는데 모르는 건 아닌가 하는 생각이 들자 앉아 있을 수가 없어 우리 집으로 향했다.

한참 포토샵 사진 정리에 푹 빠져 있는데 느닷없이 현관 번호키 누르는 소리가 들렸다. 옆집 소리가 왜 이리 크게 나나 싶었는데 중문에 열쇠를 돌리는 소리까지 들린다. 깜짝 놀랐다. 대낮에 이 무슨 일인가? 도둑? 강도? 벌떡 일어나서 현관문에서 멀찍이 떨어진 곳에 섰다. 호신용 무기가 되기도 하는 카메라 삼각대도 들었다. 떨리는 마음을 억지로 진정시키며, '누구세요?'라고 하려는 순간, 문이 덜컥 열렸다.

서쪽으로 이미 기울어진 태양 빛이 유리창을 뚫고 눈앞으로 가득 쏟아져 들어 왔다. 눈이 부신 시야로 흐릿하게 들어온 사람은 오늘 만나기로 한 친구 H이다. 나를 보자 어이가 없었는지 "야! 집에 있으면서 왜 전화 안 받아!"라며 소리를 버럭 질렀다.

친구의 온몸은 땀범벅이 되었고, 짧게 자른 머리는 곧 감고 나온 머리처럼 푹 젖어 가라앉았다. 얼굴은 홍시보다 더 발갛게 달아올라 있었다. 그제야 들여다본 핸드폰은 진동 상태였다. 시간은 이미 다섯 시가 다 되어가고 있었다. 몇 시간 동안 연락이 안 되는 친구가 혹시 잘못되었는지도 모른다는 생각에 걸었는지 뛰었는지조차 모르겠다며 한달음에 달려온 친구의 몰골을 보는 순간, 미안함보다 더 큰 진하고 쫀득한 그 무엇이 가슴에 가득

차올랐다. 시원한 물이라도 준다며 멋쩍어하는 내 말에 시끄럽다며 일갈한다. “멀쩡하니 다행이다”

늙은 아카시아만 지난해 잎사귀를 주렁주렁 매달고 있는 것은 아니다. 이제 우리도 온갖 걱정을 주렁주렁 매달고 사는 나이가 되어버렸다. 자식 걱정에, 집안일 걱정에, 특히 이곳저곳 고장이 나기 시작한 몸 걱정이 태산이다. 오죽하면 벗이 몇 시간 동안 연락이 되지 않는다고 ‘혹시 죽었을까?’라는 걱정까지 하게 되었을까 싶다.

그래도 그런 걱정까지 사서 해 주는 벗이 있고, 그 걱정에 땀범벅이 되어 달려와 주는 친구가 있으니 나는 참 행복한 사람이다.

늙은 아카시아도 어김없이 올봄에 다시 싹을 틔우고 꽃을 피우면 벌들이 날아와 꿀 중에 으뜸이라는 아카시아꿀을 내어 줄 수 있으니 그만하면 행복한 셈이다.

화려한 벚꽃에 둘러싸여 홀로 우뚝 선 늙은 아카시아가 머지않아 싹을 틔우고, 꽃을 피워 올릴 그 날을 위해 응원을 보낸다.

2020. 4. 5.

머리카락에 대한 소회

요즘 내 머리카락이 참 마음에 든다. 고등학생 때부터 멋 좀 부릴 나이가 되면서부터 시시때때로 내 속을 태우던 곱슬머리가 요즘 유행하는 웨이브 진 파마머리와 같기 때문이다. 돈 안 들이고 자연스러운 컬을 유지하게 해 주니 미용실 원장까지 생머리(곱슬머리)가 너무 잘 어울린다고 칭찬이다.

"고개 똑바로 해!"

"이 녀석 머리는 긴지 짧은지 알 수가 없어."

벌써 40년이 훨씬 지나버린 일이다. 곱슬곱슬한 내 머리카락 때문에 짜증 난 선생님의 말씀이다. 조회 시간이 되면 여학생의 머리 길이를 검사했다. 귀밑 1센티, 요즘 이런 검사를 하면 세상이 온전히 돌아갈까? 무섭기로 소문난 교련 선생님이 군복 입은 모습으로 한 손에는 막대(일명 빠따), 다른 한 손에는 삼십 센티자와 가위를 들고 머리 검열을 시작한다.

여학생의 머리 길이가 귀밑 1센티를 넘으면 가차 없이 잘리거나 손에 든 막대가 등을 강타한다. 키가 작아 맨 앞줄이나 두 번째 줄쯤 서 있어야 했던 나는 항상 교련 선생님의 심기를 건드렸다. 조회가 시작되고 교련 선생님 손에 잣대가 들려 있는 날은 긴장감에 온몸이 떨리기 시작한다. 학생 때는 왜 그렇게 머리를 기르고 싶었을까?

우선 머리카락이 잘리지 않기 위해서는 특별한 조치가 필요했다. 물이 있으면 금상첨화지만 갑자기 들이닥친 상황에 물이 있을 리 만무하다. 우선 손바닥에 약간의 침을 바른다. 그 손으로 머리끝을 살짝살짝 밀어 올리고 고개는 살짝 앞으로 수그린다. 그러면 곱슬머리인 내 머리카락은 약간의 요술을 부릴 수 있다. 끝이 조금씩 구불거리며 올라붙어 선생님이 갖다 댄 자의 눈금 수를 훨씬 줄일 수 있다. 그렇게 약간의 눈속임으로 위기를 모면한 내 머리는 무사히 검열을 통과하며 선생님께 뒤통수를 살짝 얻어맞는 것으로 끝난다. 어느 날은 선생님이 눈을 찡긋하며 너는 봐준다는 신호까지 주신다. 그날의 기분은 천당과 지옥을 수시로 오가는 셈이다.

그 선생님과는 특별한 사연이 있긴 하다. 가톨릭 학생회 단합대회로 한라산 등반을 하면서의 일이다. 그때도 여전히 작았던 나는 등반에서 선생님의 예상을 뒤엎고 마치 고무줄 하듯 폴짝거리며 뛰다시피 올라간다며 눈이 휘둥그레지셨다. 칭찬을 아끼지 않던 선생님은 하산길에 '우리 호인이'로 호칭까지 바꿔 부르셨다. 그날 선생님의 애제자 선순위를 단번에 꿰차고 만 셈이다.

아! 고교시험 발표날 내 시험 결과를 보러 나오셨다가 동문 로터리에서 장발 단속에 걸린 오빠의 머리도 더부룩한 곱슬머리였다. 좋지 않은 시험 결과에 속이 탔을 오빠는 장발 단속에 마저 걸렸으니 얼마나 속이 탔을까? 단속반 트럭에 올라가 있던 오빠의 모습을 보자 미안함에 눈을 마주칠 수 없었다.

곱슬머리에 대한 내 관심과 관리는 평생 실로 지대했다고 해도 과언이 아니다. 학교를 졸업하고 회사에 취업이 되자 미장원에서 고데로 머리를 펴는 것부터 시작됐다. 연탄불에 달구어진 고데를 머리에 대고 쭉 끌어 내리면 곱슬곱슬하던 머리카락이 길고 곱게 펴진다. 약간의 머리카락 탄 냄새는 감수해야 한다. 돈이 많이 들어가는 고데는 사실 특별한 날에나 할 수 있었다.

평소에는 봄, 여름, 가을, 겨울 가리지 않고 저녁에 머리를 감고 적당히 말린 후 수건으로 꼭 싸매고 잠을 잔다. 다음 날 아침 차분해진 머리에 물이 묻지 않도록 조심스럽게 세수해야 하는 것도 관건이다. 최악의 사태는 비가 오는 날이다. 이런 날은 공들이고, 돈을 들여 고데를 해 봐도 무용지물이다. 생머리처럼 곧고, 살랑살랑하게 펴놓은 머리카락도 비 오는 날엔 여지없이 곱슬머리로 획 돌아가 버릴 뿐만 아니라 푹 부풀려져 펑키 스타일이 되고 만다. 펑키 스타일을 좋아하는 사람이라면 몰라도 나처럼 곧게 뻗은 생머리에 대한 간절한 로망이 있는 사람에게는 취약 이상이다.

어느 해부터인가 매직 파마라는 머리 스타일이 유행하기 시작했다. 내가 좋아하는 생머리 스타일이다. 아낌없이 투자하고 매직 파마를 감행했다. 그렇게 하면 매일 드라이어로 스타일링을 하지 않아도 되는 줄 알았다, 허사였다. 그렇지 않아도 모자란 머리숱이 돋보일 뿐만 아니라, 얼마 지나지 않아 다시 곱슬머리가 되어 버린다. 궁여지책으로 드라이어로 만지며 다니긴 하지만, 자연 상태로 살랑거리는 머릿결을 가진 친구들이 얼마나 부러웠는지.

요즘은 머리를 감은 후 적당히 말리고 헤어크림을 발라주면 최신 유행의 파마 머리카락이 된다. 만나는 지인마다 파마가 잘 나왔다고 한다. 자신 있게 말한다. “아니! 원래 내 머리야!” 머리가 너무 예쁘다며 진작 그렇게 하고 다니지 그랬느냐고 한다. 나도 “그러게요, 나도 내 머리가 이렇게 예쁜 줄 몰랐어.” 하고 너스레를 떤다.

오늘은 새치 염색을 하는 날이다. 사실 새치라고 표현하긴 하지만 백발이다. 약간 자연스러운 갈색의 염색약을 택하였다. 이 염색 과정도 만만치 않다. 어느 날은 아주 마음에 들게 잘 되지만 오늘처럼 이상한 날엔 참 묘한 색감으로 애간장을 녹인다. 염색약, 이거 좀 한 번 하면 평생 가는 거 안 나오나? 혹시 염색약 개발자들은 모두 까망머리일까? 평생 가는 약을 만들어 내지 않는 것을 보면. 그래도 이제 파마는 안 해도 되니 참 다행이다. 살다 보니 이런 날도 온다. 기다림의 시간은 참으로 값진 것이다.

이미 40여 년 전에 하늘나라로 가신 교련 선생님이 내 머리카락을 보신다면 어떤 표정이실까? 한라산 등반길에 조그만 녀석이 아주 잘 걷는다며 칭찬해 주시던 음성이 아직도 귓전에 들리는 듯하다.

2020. 5. 29.

4

무밭의 파수꾼

무밭의 파수꾼

새벽 5시 제주의 겨울 아침이다. 안개가 살포시 내려앉은 새벽 동부 산업도로를 달려 서귀포시 남원읍 태흥리 지인의 펜션으로 가는 길이다. 간간이 괴물처럼 달려드는 화물트럭의 불빛을 피해 소심한 운전을 한다. 예전 같으면 소복을 한 여인이 몇은 날아들었을 산길을 문명사회의 이기인 자동차 상향등을 켜면서 그 여인들을 간단히 물리쳐 버렸다.

새벽녘, 성산일출봉을 마주한 광치기 해변의 일출을 낚아채기 위한 광폭 행이다. 따뜻한 남녘이라는 제주도이지만 아침 기온은 몹시 차갑다. 더욱이 제주에서도 바람이 세기로 유명한 성산의 광치기 해변이다. 삼각대의 지존이라 불리는 프랑스 짓조(GITZO) 삼각대도 여지없이 휘청거린다.

해가 떠오르기 시작한다. 그 보기 힘들다는 오메가이다. 손길이 바빠진다. 새로 산 리모컨이 말을 듣지 않는다. 손에 익지 않아서이다. 지인들의 손놀림이 바삐 움직인다. 이럴 때는 물어볼 수도 없다. 채 몇 분이면 끝나버리는 일출을 담기 위해 모두 눈에서 섬광이 튀어나오는 순간이기 때문이다. 사진을 찍는 사람이라면 이 순간에 말을 시킨다면 굉장한 실례임을 아는 터이니 이 버튼 저 버튼 누르다 보니 오메가는 달걀노른자가 되고 말았다. 넘실대던 파도가 서서히 물러나고 광치기 해변의 이끼(초록색 해초의 일종)가 낀 기기묘묘한 너럭바위들이 드러났다. 파도가 밀려와 모래에 부서지는 모습, 이끼 낀 초록색 바위에 부딪히는 모습 등, 갖가지 피사체를 담느라 시간 가는 줄도 몰랐다.

새벽 5시에 움직이기 시작한 위장이 반란을 일으킨다. 누구도 배고프다고 하지 않는다. 사진 찍기라는 마약에 중독되어 있어서다. 기력이 아주 소진되어 버렸는지 진땀이 나기 시작한다. 오늘도 어김없이 저질 체력인 내가 밥 좀 먹자며 짜증 반, 애원 반인 울림을 놓고 말았다. 성산항으로 갔다. 이미 경매는 끝나버렸다. 어쩔 수 없이 경매받아 손질 중인 몇 안 되는 상인에게 접근했다. 제주의 은갈치, 은색으로 찬란하게 빛난다. 일행이 얼마냐고 묻는다. 얼른 눈빛으로 제지했다. 이럴 땐 사투리 좀 써 줘야 한다. 제주도 사투리로 얼른 나섰다. "그냥 먹을 건디 양 싼 거 어수 강?"[1], "짝으로 배끼 어수다."[2] "몇 마리만 주면 안 되어 마씸, 안 되주게, 경허민 상품이 안 되어 부러. 시장 강 삽써."[3] 그때 바닥에 늘씬하게 드러누운 갈치가 보였다. "저건 뭐

---

1) 그냥 먹을 건데요 싼 거 없어요?

2) 상자로밖에 없어요.

우꽈? 아 그거라도 사가 크민 가져 갑써, 2만 원만 냅 써. 그 옆이 창지 나온 것도 드리쿠다."[4] 얼른 그러라고 했다. 맘씨 좋은 아주머니는 이름을 알 수 없는 생선 두 마리도 덤으로 준다. 바다에서 갓 건져 올린 갈치인데 생채기가 좀 나면 어떤가. 생선이란 모름지기 싱싱하면 그만인데. 비닐봉지에 얼음까지 채워진 갈치꾸러미는 그렇게 우리 손에 단돈 2만 원에 제법 실한 놈이 세 마리나 들어왔다.

성산에서 다랑쉬 오름이 있는 구좌읍으로 가는 길섶엔 지천으로 무밭이 있다. 내 허벅지보다 더 실한 무들은 아직도 뽑히지 못하고 한설에 초록 잎을 지키고 있다. 여느 밭은 갈아엎어 버린 무가 무참히 잘렸고, 여느 밭은 뽑아 놓은 무가 시들어간다. 공들여 뽑아 놓고도 내다 팔지 못하고 밭에서 시들어가는 모양이다. 뭇값이 폭락하는 바람에 농가에서는 인건비도 안 나오는 무밭을 저 모양을 만들 수밖에 없었다. 무밭의 돌담들, 밭고랑에 널브러진 무를 카메라에 담으며 사진을 찍어야 하는지에 대한 고민마저 생긴다. 온 마음을 다하여 농사를 지었을 농부의 마음이 생각나서이다.

사람은 참 간사하다. 나 또한 간사한 마음이 불쑥 나섬을 어찌해 볼 수 없다. 그 무밭을 바라보며, 항구에서 싼값에 산 갈치가 불쑥불쑥 눈앞을 가로막는다. 저 싱싱하고 튼실한 무, 그것도

---

3) 몇 마리만 주면 안 돼요. 안 됩니다. 그러면 상품이 안 되어서요, 시장 가서 사세요.
4) 저건 뭐예요? 그거라도 사 갈 거면 가져가세요. 2만 원만 내세요. 그 옆의 창자 나온 것도 드릴게요.

그 유명한 제주 무가 들어간 갈치조림, 그 이상의 조합이 없다. 괜스레 지인의 눈을 살핀다. 고개를 살래살래 젓는 지인에게 눈을 다시 맞춘다. 농사꾼 출신의 지인은 마트에서 사자며 눈빛을 거둔다. 다시 눈을 들었다. 어차피 버려질 무가 아닌가? 밭 구석에 있는 무들은 기계가 접근을 못 하니 사람이 손으로 뽑아내든가 썩어 없어질 때까지 그곳에 있어야 할 판인데 어떠냐는 내 눈빛을 읽었는지 차를 세운다. 나도 농부의 딸이니 가슴이 아프긴 하다. 그래도 누군가가 뽑아다가 맛있게 먹어준다면 좋을 것 같다는 생각으로 자신을 합리화시키며 싱싱하고 초록빛 이파리에 물기를 가득 머금은 무를 뽑았다. 처음엔 뽑힌 것 중 싱싱한 것을 고르리라 생각했었지만, 무밭으로 들어가자 나도 모르게 싱싱한 무를 뽑고 말았다.

일행인 농사꾼 출신 K씨는 무밭으로 들어서자 자기 밭처럼 무를 뽑았다. 소심하게 시작한 무 뽑기는 시간이 지나자 점점 더 대담해져 갔다. 한 개, 두 개로 시작한 무는 결국 자동차 트렁크를 가득 채우고 말았다. 기왕 나선 김에 동네 노인정의 어르신들께도 나누어 준다며 열심이다. 그 모습이 마치 무밭을 지키는 파수꾼처럼 건장하고 튼실해 보였다. 누가 주인인지 모르지만, 그가 마치 무밭이 주인인 양. 그래도 그가 농사꾼의 마음을 아는 터라 나선 김에 좋은 일이라도 할 요량이니 무 서리꾼이 되어버린 내 마음이 조금 누그러지는 것 같긴 하다. 그 튼실한 무가 겨우 개당 200원이라니 농부들이 일할 맛이 날 리가 없다. 그런 마음을 모르는 바도 아닌데 지금 무슨 짓을 하는 것인가라는 생각에 젖어 들 무렵 낯선 아저씨 한 분이 맥없는 걸음으로 우리 앞에 다가왔다. 지인이 선뜻 나서서 인사를 한다. 혹시 주인이냐는 말에 그렇다며 힘없는 소리로 대답한다. 죄송하다는 지인의 말에 손사래를 치며 아니라고 한다. 어차피 갈아엎을 것이니 맘껏 뽑아 가라며 맘씨 좋은 웃음을 웃어 보인다. 우리 모두 겸연쩍은 웃음으로 화답할 수밖에.

그날 저녁의 '갈치 무조림'은 내 인생 최상의 맛이었다고 해도 절대 과하지 않다.

문득 떠오른 무밭 주인의 얼굴이 생각났다. 지킬 생각도 없는 무밭의 파수꾼 역할이 버거워 보여서이다.

2019. 2. 3.

그것만이 내 세상

나에게 있어 영화 감상은 마음을 정화해 주는 역할을 톡톡히 해낸다. 이 영화는 서번트 증후군[1]을 가진 장애인 가족에 관한 내용이어서 더 호감이 갔었던 것 같다.

서번트 증후군을 앓고 있는 진태(박정민 분)와 그의 엄마 인숙(윤여정 분)이 사는 가정에 조하(이병헌 분)가 찾아오면서 시작된다. 조하는 한때 WBC 웰터급 동양 챔피언으로 잘 나가던 복서였으나 지금은 돈도 명예도 없는 밑바닥 인생이다. 그는 인숙의 아들로 엄마가 남편의 폭력을 견디다 못해 아들을 두고 집을 나온 후 17

1) 사회성이 떨어지고 의사소통 능력이 낮으며 반복적인 행동 등을 보이는 여러 뇌기능 장애를 가지고 있으나 기억, 암산, 퍼즐이나 음악적인 부분 등 특정한 부분에서 우수한 능력을 가지는 증후군이다.
사회성이 떨어져서 주로 혼자 지내려 하고 의사소통 능력이 매우 저하되어 있다. 특정 행동을 반복하며 간질 발작을 보이기도 한다. 전체적으로 지능이 떨어져 있다. 그러나 특정 영역에서 매우 우수한 능력을 갖추고 있다. 기억, 암산, 예술적인 부분에서 천재적인 능력을 갖추고 있다.(www.naver.com. 참조)

년 만에 재회하게 된다. 이렇게 조하와 진태는 인숙의 두 아들로 처음 만나게 된다. 둘의 관계는 역시 삐꺽거림의 연속이다. 매일 피아노와 게임에만 몰두하는 진태와 별생각이 없는 사람처럼 직업도 없이 시간만 보내는 조하는 서로 섞이지 못하고 삐걱거리기만 한다. 하지만 어느 날 그들은 같이 게임을 하기 시작하면서 관계가 시작된다. 서번트 증후군을 앓고 있는 진태의 게임 실력은 조하가 상대가 안 될 정도이다. 특히 그의 피아노 실력은 가히 천재적이라 할 만하다. 특정한 영역에서 천재적 능력을 보이는 서번트 증후군을 앓는 진태의 특징이다. 길을 잃은 진태는 공원에서 피아노를 발견하고 무심코 올라가 피아노 앞에 앉아 피아노를 치기 시작한다. 사람들이 하나둘 모여들고 마치 여느 콘서트장처럼 변해가는 모습을 보며 조하는 동생 진태가 정말 명연주자임을 알게 된다. 악보도 볼 줄 모르는 진태는 핸드폰의 동영상만을 보며 그 소리를 듣고 피아노를 쳐 왔었다. 영화 속에서 기적 같은 재능이 전하는 진태의 음악적 선율과 조하와의 삐꺽거리는 관계가 코믹을 오가는 브로맨스를 통해 관객들에게 감동을 선사한다.

P 장애인 주간 보호센터에서의 일이다. 뇌 병변과 자폐증, 중증 신체적 장애까지 있는 복합 장애인 K는 말을 할 줄도 모른다. 그저 우우하는 소리만으로 의사표시를 할 뿐이다. 손도 쓸 수 없고, 걸을 수도, 편안히 누워 있을 수도 없는 심한 복합 장애가 있는 친구이다. 매일 아침 주간보호센터에서 비슷한 장애가 있는 친구들과 프로그램으로 지낸다. 음악 치료, 미술 치료, 신체활동

등의 치료를 받는다. 그곳에서 봉사랍시고 그들을 조금 거들어 준 적이 있다. 수업 시간, K 군은 노래 교실에서 「남행열차」가 나오자 그 만의 특별한 음으로 그 노래를 따라 하는데 놀랍게도 나보다도 더 정확히 음의 높낮이, 고저장단을 맞추고 있었다. 후에 안 일이지만 K 군의 엄마가 매일 집에서 여러 가지 음악을 들려준다고 한다. 그 음악 소리를 따라 하며 익힌 게 그렇게 되었다고 한다. 동요, 대중가요는 물론이고 클래식에 이르기까지 다양한 음악을 정확히 이해하고 소리를 낸다는 것이다. 자폐증을 앓는 친구들의 특성을 듣긴 하였지만 정말 놀라운 모습이었다.

어느 해 크리스마스 때의 일이다. 그 기관에서 유명한 지휘자인 금난새 씨와 그의 악단의 연주회가 있었다. 장애인들을 위한 봉사 연주회였다. 금난새 씨는 K의 소식을 듣고 K 군과 협연하기로 했다. 그날 K는 지휘자 금난새 씨의 옆에서 클래식 음악을 협연했다. K 군의 음은 그날 연주회의 백미를 장식했을 정도로 훌륭했다고 한다. 당시 관계자들은 이 연주회로 장애인의 음악 치료에 대한 중요성을 새삼 재인식하는 계기가 되었다. 그날 연주회에 참석하지 못하였던 것을 나는 지금도 후회한다.

영화를 보며 나는 K 군의 모습이 떠올랐다. 영화 속 진태처럼 행동이라도 자유로웠다면 K도 훌륭한 연주자가 되었을지도 모를 일이다. 그는 아직도 여전히 P 기관에서 치료와 공부를 하면서 생활한다. 물론 휠체어에 의지해 몸을 제대로 가누지도 못하지만, 노래를 부를 때의 K의 모습은 한결 즐겁고 행복해 보일 때가 많다. P 기관에서 K 군과 그의 동료들은 현재 그들의 상태를 유지하는 데 주력하여 치료와 교육을 병행하고 있다. 몇몇은 더 나은 상태로 호전되기도 하고, 일시에 더 나빠지기도 하는 생활이 반복된다. 그들의 부모들은 현 상태가 유지되는 것만으로도 다행이라 여기고 살아간다. 장애인을 둔 부모들은 하루라도 자식보다 더 살아 자식을 보살필 수 있기를 간절히 바란다고 하니 부모들의 심경이 어떤지는 따로 말하지 않아도 알 만한 일이다.

영화는 후반부로 갈수록 두 형제의 감정을 더욱 심도 있게 보여준다. 십수 년 만에 재회한 엄마와 동생에게 마음을 열어가는 조하, 차츰 형과의 생활에 익숙해지는 진태, 그리고 두 아들이 함께 있는 모습만 봐도 자연스레 미소가 떠오르는 엄마 인숙까지. 세 사람이 진정한 가족으로 거듭나는 모습을 유쾌하고 감동적으로 그려내 관객들에게 잔잔한 감동을 안긴다.

영화의 마지막, 진태는 형 조하의 각고의 노력으로 연주회에 서게 되고 훌륭하게 연주를 마친다. 엄마의 소원이었던 진태의 연주를 보게 하려고 암에 걸린 엄마 인숙을 연주회장에 모시고 온 조하는 그제야 가족의 진정한 사랑을 느끼며 막을 내린다.

K 군이 있는 장애인 기관에서 봉사하는 동안 나는 그들의 모습을 보며 많은 것들을 느꼈었던 것 같다. 오늘 이 영화에서 느끼는 진한 감동 또한 그들과 만남에서 느낀 감동의 연장선상이어서 더 진한 감동으로 내게 다가왔었던 것 같다.

영화가 주는 따뜻한 가족애가 내 마음을 따뜻하게 정화해 준다.

2018. 3. 13.

엄마의 밭담

2019년 1월 새해가 밝은지도 보름이 지나고 있다. 요즘 애들 말로 내 인생에도 버킷리스트 같은 것들이 있다. 생업이라는 굴레에 갇혀 그동안 해 보지 못했던 수많은 꿈이 순서 없이 달려든다. 올봄에는 하나씩 둘씩 실행해 나가 보리라 다짐해 본다. 할 일도 많고 하고 싶은 일도 많으니 이를 언제 다 할까 걱정이 앞선다. 하지만 하고 싶은 일이 천 리가 되면 어떻고 만 리가 되면 어떤가? 그저 느린 걸음으로 다시 시작하면 될 일이라 생각하자며 나를 다독여본다.

우선순위를 정해 놓은 것도 아닌데, 꿈들이 앞다투어 내 앞을 가로막으니 무엇부터 해야 하나 고민이 앞서지만 일단 제주행 비행기에 몸부터 실었다. 드문드문 철없이 피어난 유채꽃이 눈에 들어오기 시작하자 비행기가 활주로에 닿았다.

마치 봄인 듯 따사로운 햇살이 반겨주는 새벽 다랑쉬 오름을 올랐다. 제주시 구좌읍 송당리와 세화리에 걸쳐 있는 원뿔 모양의 다랑쉬 오름(382.4m)은 산세가 가지런하고 균형이 잡혀 있어 '오름의 여왕'이라 할 만큼 우아하다. 한복 치마를 벌려 놓은 듯 가지런한 외형이 아름답고 갖가지 들풀과 눈을 마주하며 정상으로 오르는 가르마 같은 정다운 길은 보는 이로 하여금 절로 탄성을 자아내게 한다.

다랑쉬 오름의 분화구는 깔때기 모양으로 움푹 패 있고, 깊이는 한라산 백록담의 깊이와 비슷하다. 전설에 의하면 설문대 할망이 치마로 흙을 나르면서 한 줌씩 놓은 것이 제주의 오름인데 다랑쉬 오름의 분화구는 흙을 놓자 너무 두드러져서 손으로 '탁' 친 것이 너무 패여 이렇게 되었다고 한다. '다랑쉬'라는 이름은 오름에 쟁반같이 뜨는 달의 모습이 무척 아름답다고 하여 이름붙은 제주 말로, 높은 봉우리라는 뜻의 '달수리' 또는 한자식 표현으로 '월랑봉(月郞峰)'이라고도 부른다.[1)]

일출을 보기 위함이니 숨이 턱에 닿을 무렵 앞이 탁 트인 산 중턱에 가까스로 삼각대를 세웠다. 동녘 하늘이 붉게 물들기 시작한다. 눈 아래는 구불구불 밭담으로 정돈된 들녘에 파릇파릇한 무밭, 유채꽃 등이 벌써 봄인 양 뽐낸다. 멀리 보이는 성산 일출봉의 아련함과 어우러진 풍광이 그곳만이 독특한 풍경을 자랑한다.

제주의 밭담, 척박한 환경에서 살아내야 했던 제주인들이 만들어 낸 독특한 유산이다. 백만 년 전 남해에 화산이 폭발해서 만

1) www.naver.com 참조.

들어졌다는 제주도는 화산 폭발 시 한라산과 360여 개 오름이 생겨났다고 한다. 폭발 당시 수많은 돌덩이가 제주의 온 섬을 뒤덮었을 것이고 그곳에서 살아남아야 했던 제주인들은 그 돌들과의 사투가 생존전략이 되었을 것이다. 아마도 농경사회가 시작되면서부터 제주인들은 곳곳에 흩어져 있는 돌밭의 돌들을 주워내어 밭을 일구어야 했고, 그 돌들은 밭의 경계가 되고 군데군데 쌓아 놓은 돌무더기가 되기도 하였을 것이다. 손으로, 치마폭으로 주워낸 돌들은 베케[2]를 만들어 통로가 되었다.

이 돌담을 모두 이으면 2만2천 킬로미터가 넘어, 흑룡 만 리라고도 부른다. 땅을 개간할 때 나온 돌로 담을 쌓아 바람을 막고 수분까지 보호했다. 방목하는 마소의 침입을 막았으며 돌담을 쌓아 집을 지었다. 무덤에 울타리를 쌓아 산담이라 칭하였고, 바닷가의 용천수를 가두어 식수원의 공급처를 만들기도 하였다. 4·3 때는 정부군과 토착민인 저항 세력 간의 방어진지 역할까지 했다. 청산도의 구들장 논과 제주 밭담이 2014년 4월경 유엔식량농업기구의 세계농업 유산으로 등재되었다고 하니 제주인들의 삶을 전 세계인들도 공감하고 이해한 결과물이 아닐까 싶다.

높은 곳에 올라 눈 앞에 펼쳐진 밭담을 보노라니 만감이 교차한다. 아버지가 돌아가시고 가세가 급격히 기울어 갈 때이다. 건

---

2) 제주의 밭담 중 마치 돌로 된 성벽처럼 넓게 돌을 쌓아 놓아 통로가 없는 밭으로 들어가는 길 역할을 하기도 하는 밭담을 말한다. 공교롭게도 오스트리아 암석학자가 프리드리히 베케란 사람도 있다고 하니 관련성이 있는지는 알 수 없다. 다만 그가 1890년생이라 하니 훨씬 그 이전부터 불렀을 것으로 여겨지니 우연의 일치가 아닐까?

지머슬[3]에 있는 밭 중, 바깥쪽의 커다란 밭은 남의 밭이 되었고 안쪽의 작은 밭만 남았다. 통로가 막혀버린 그 밭을 드나들며 엄마는 남의 밭이 되어 버린 그 밭을 이용하기 싫어하셨다. 옆 밭의 한쪽 구석을 이용하거나 주로 울퉁불퉁하여 걷기조차 힘든 베케를 이용하곤 하였다.

그 건지머슬의 밭담(베케)에는 봄이 되면 인동꽃이 지천으로 피어 엄마가 계시는 밭을 찾아가던 조무래기였던 나의 조그만 간식 밭이 되기도 하고, 소꿉놀이 장소가 되기도 하였다. 봄볕이 무수히 쏟아지던 봄날, 엄마가 일이 끝나기를 기다리며 동생과 놀다 지쳐 까무룩히 잠이 들던 곳이기도 하다. 엄마의 슬픔 따윈 생각조차 못했던 철없던 내 어린 시절이 이제야 새삼 아픔이 되어 되살아남은 엄마의 그 마음을 이제야 깨달았기 때문이다. 막냇동생의 과수원이 된 돌무더기가 지천이었던 앞동산 밭도 엄마의 손과 치맛자락, 곡괭이와 호미로 그 많은 돌을 다 주워내고 깔끔하게 정리된 과수원이 되었다. 이제는 둘 다 남의 밭이 되어 버려 가 볼 수조차 없게 되어 버린 엄마의 밭담들을 가슴 가득 한껏 담아내어 그려본다.

인고의 세월 동안 흑룡의 뼈처럼 꿈틀거리며 수만 리를 쌓아 온 밭담들을 바라보며 엄마의 숨결을 느낀다.

2019. 1. 26.

3) 고향마을의 지명.

기생충

오빠는 어린 시절 횟배를 많이 앓았다. 여름만 되면 배가 아파 결석하는 날이 잦았다고 한다.

60년대 우리나라의 사정은 지금의 아프리카나 별반 다르지 않았으니, 위생 관념은 고사하고 먹을 게 태부족이었다. 텃밭에 심은 갖은 채소의 영양분이 되었던 각종 분뇨 등은 날음식을 유독 많이 먹는 여름이 되면 더더욱 기생충을 사람의 배 속으로 밀어 넣는 역할을 하였을 것이란 짐작이다. 많은 곳에 '기생충 박멸'이란 표어가 심심찮게 붙어 있었을 뿐만 아니라 학교 단위로, 동네 단위로 기생충 약을 제공하여 기생충 박멸에 힘을 썼다.

제일 황당하고 곤란했던 것은 학교에서 나누어 주는 약을 먹은 후 그 결과물을 제출해야 하는 과정이다. 약을 먹은 후 항문이 간지럼을 느끼면 그 녀석이 나온다는 신호이다. 살이 튼실하게 찐 녀석이 길게 뽑혀 나오면 그 징그러운 녀석을 나뭇가지로 집어 역시 학교에서 나누어 준 비닐봉지에 넣어 가야 하니 얼마나 하기 싫었던지.

대강 몇 번은 시키는 대로 했지만 더러는 나오지 않았다고 거짓말을 하기도 했었다.

영화 「기생충」, 내로라하는 '칸영화제'에서 황금종려상을 받은 영화이다. 우리나라는 물론이고 세계가 떠들썩한 영화이니 내용이 어떻든 이쯤은 봐줘야 애국자가 아닌가(?) 싶었다. 주말이니 영화관이 만원일까 싶어 부러 변두리 극장을 택했다. 우리 집에서 제일 가까운 곳에 있으니 사실 내 환경에 딱 맞는 곳이긴 하다. 걸어서도 갈 수 있고 주변의 시끄러움도 없는 곳이니 좀 조용히 보고 싶은 영화일 때 딱 알맞은 곳이다. '아리랑 시네마'로 우리나라의 영화와 영화인들의 역사가 살아 숨 쉬는 곳이기도 하니 황금종려상을 받은 영화를 보기에 적당하다고 자평하며 택한 곳이다.

「기생충」, 꼭 집어 말한다면 빈부의 격차가 불러오는 문제점을 부잣집에 기생해서 살아가는 기택네와 문광 부부, 박 사장 댁의 관계를 통해 설명하려고 한 영화다. 시작은 친구 민혁(박서진 분)의 소개로 박 사장 댁, 다혜의 영어 교사로 들어가게 된 기우가 예정에 없던 계획된 삶으로 들어가게 되면서이다. 기우의 계획을 들으며 아버지 기택은 "아들아 너는 역시 계획이 다 있구나."라고 말하며 아들의 대견함(?)을 느끼기도 한다. 기우의 계획대로 여동생 기정은 박 사장 아들의 미술치료사가 되고, 기정의 계획대로 아버지 기택은 박 사장의 운전기사가 된다. 또다시 기택과 그 가족의 계획은 어머니를 가정부로 만들기 위해 기존 가정부인 문광을 내쫓는 데 성공한다. 이들의 계획은 차근차근 진행되는 듯하였지만, 뜻하지 않게 전 가정부 문광의 재등장으로 영화는 급속도로 두 가족의 공생을 깨트리고 만다. 절대 선(line)을 지키며 유능하고 믿음직한 가정부였던 문광은 박 사장 부부(주인)도 모르는 지하실에 남편이 살도록 하며 철저히 부잣집에 기생하고 있었음을 보여 준다. 아들의 생일을 축하하기 위해 캠핑을 떠났던 박 사장 가족이 폭우로 갑자기 집으로 돌아오면서 사태는 점점 더 악화한다. 기택 가족의 비행을 알리겠다는 문광을 막기 위한 행동은 급기야 폭력을 불러오고야 만다. 불행하게도 두 기생 가족의 타협은 이루어지지 않았고 사건의 발단이 시작되고야 만다.

박 사장 아들의 생일 파티를 하던 날, 기우는 자신의 계획으로 얻은 부를 뺏기지 않기 위해 지하실에 있는 문광 부부를 처리하기로 한다. 기우는 물난리 통에 떠오른 민혁이 준 수석을 건져 올리며 부를 가져다줄 것이란 민혁의 말을 믿으며 소중히 간직한다. 부를 지키겠다는 기우의 그릇된 욕망은 결국 그의 가족을 파국으로 몰고 간다. 기우는 가져간 수석을 문광의 남편에게 빼앗기고 그 수석에 맞아 혼수상태가 되어버린다. 파티가 있던 날 문광의 남편은 칼을 들고 지하실에서 빠져나와 파티장으로 향한다. 그가 기생하던 곳인 지하실을 빼앗기게 된 분노로 기택의 가족을 향해 칼을 휘두르고 급기야 기정을 죽이고 만다. 기우의 엄마 충숙과 격렬한 몸싸움 끝에 문광의 남편은 죽게 된다. 기정의 죽음 앞에서 상처를 입은 자기 아들을 살리기 위해 자동차 키를 달라고 외치는 박 사장은 문광의 남편 시체를 들추며 코를 막는다. 가난의 냄새, 서민의 냄새, 지하실의 냄새가 역겨워 죽겠다는 표정인 박 사장을 보며 기택의 분노는 극에 달하고 급기야 칼을 휘두르고 만다.

영화의 말미, 기우는 박 사장의 집을 탐색하다 아버지의 교신을 받게 된다. 기택은 살인을 저지른 후 집을 나와 주차장을 통해 다시 그 지하실로 들어간다. 또 다른 주인이 된 외국인 가족의 기생충이 되어 살아가고 있음을 알게 된 기우는 또다시 계획을 세운다. 그 집을 사서 들어갈 테니 아버지는 지하실에서 자연스럽게 올라오시면 된다는 메시지를 띄운다. 언제인지 모를 그날을 기다리며 기택은 살아가고 있다.

이 영화는 박 사장 아들의 인디언 놀이를 통해서 미국인과 원주민의 기생(?) 관계를 전하려 하고 있을지도 모른다. 최근 트럼프 대통령의 미국 우선주의의 폐해가 전 세계인들에게 악영향을 주고 있는 것처럼, 200여 년 전 인디언의 피해를 언급하고자 함은 아닐까? 원래 미국의 주인이었던 인디언이 이제는 기생하는 민족이 되어버린 셈이니.

영화의 중반쯤 무계획이 계획이라는 기택의 말처럼 서민들이 계획된 삶을 살아가기엔 버거운 현실이 가로막혀 있음을 시사한다. 지하실에서 살아갈 수밖에 없었던 기택 가족의 계획은 더 깊숙한 지하실로 빠져들어 갈 수밖에 없는 상황을 제시하며 극복할 수 없는 빈, 부의 격차에 대한 계층적 공감대와 경종을 울리고 싶었을까?

마크롱 프랑스 대통령은 ILO 100주년 콘퍼런스 연설에서 '자본주의가 미쳐 가고 있다'라는 논지의 연설을 통해 건전한 자본주의와 민주주의를 회복하기 위해 심해지는 불평등으로 고통받는 사회적 약자 보호를 강화해야 한다고 주장했다. 경제 불평등으로 인해 민주주의가 위협받고 있다며 다원주의를 말살하고 있는 트럼프 대통령을 향해 목소리를 높였다.[1)]

이 시점에 영화는 황금종려상을 받으며 전 세계인을 향해 빈, 부 격차로 인한 갈등을 해결할 것을 주문하는 역할까지 톡톡히 해내고 있는 셈이다.

소년 시절 기생충 때문에 심한 배앓이를 하던 오빠는 이제 건강한 모습으로 살아가고 있다. 지하실로 숨어들 수밖에 없었던 기택 가족의 삶도 기우의 계획대로 거실로 당당하게 올라올 수 있는 그날이 오길 기대하며 이 영화가 만들어졌기를 기대해본다.

2019. 6. 9.

1)『매일경제』 2019년 6월 14일자.

그들이 옷을 벗으면

그들이 옷을 벗으면 나목의 계절이 된다.

가을이 어디쯤에서부터 시작되었는지도 모르게 슬며시 지나가 버렸다. 지난 몇 해 동안 이상 기온이 오락가락한 탓이다. 다행스럽게도 올해는 가을이 정신을 차렸는지 끝자락을 꽤 오래 붙들고 있다. 개운산 숲길의 가을도 11월의 마지막 날까지 가을 끝자락을 안간힘으로 붙잡고 있다. 하얀 벚꽃을 피워 꽃비를 내리게 하던 벚나무 가지는 꽃을 피웠음을 잊었는지, 듬성듬성 매달린 붉은 단풍잎을 부여잡고 손짓하며 웃는다.

오늘 너를 위해 이 가을을 붙들고 있노라고 말을 하는 듯.

12월, 이제 본격적인 겨울이다. 따사로운 볕이 스며들던 산길에 갑자기 한파가 몰려왔다. 날 바람이 스산하게 불어오자 안간힘으로 버티던 벚나무의 붉은 단풍잎도, 40살이 지난 아카시아 나뭇잎에도 어김없이 겨울은 찾아오고야 말았다.

그들은 이제 서슴없이 옷을 벗기 시작한다. K 대의 녹지 캠퍼스와 S 여대의 녹지에 무성히 자란 잡목들도 앙상한 가지를 드러내며 옷을 벗는다. 그들이 옷을 벗기 시작하면 한겨울 한파에 얼어 죽을까 염려한 잎새들이 그네들의 발 위로 푹신한 단풍 이불을 덮는다. 양팔을 벌려 한여름 동안 한가득 안아 올린 비와 바람, 나무들의 속삭이는 말소리까지 고스란히 끌어안고 내려앉는다. 한겨울 내내 시린 손을 벌리고 있어야 할 나무들의 발끝을 덥히게 되리라.

흉측하게 헐벗은 나신을 그대로 들어낸 채 서 있는 나목이 어느 날부터인가 아름답게 보이기 시작했다. 봄, 여름, 그리고 가을을 견디어 온 나뭇잎이 산길, 내 발끝에서 사그락거리며 내 마음을 사로잡았기 때문일 것이다.

기차를 타고 떠난 어느 저녁답, 산 능선 위에 팔을 들어 올린 채 헐벗은 몸을 드러내 놓은, 최전방에 보초 선 이등병 같은 나목들마저 아름다워 보임은 왜일까?

해넘이 빛을 받아 서 있는 모습이 처량하게 아름다워지기 시작했다. 카메라 파인더로 세상을 엿보기 시작하면서부터인 것 같다. 나신의 몸을 온전히 들어낸 채 서산마루에 걸린 붉은 노을을 온몸으로 휘감아 올린 모습이 더없이 애처롭고 아름다워서일 거다. 그들의 옷을 말끔히 벗으면 그때 겨울이 된다. 팔 벌린 나신의 몸에 눈이 소복이 쌓이고, 그 눈 속을 헤집고 초록빛 새싹이 삐죽이 나오기 시작하면 그때 봄이 오게 될 것이다.

그들이 옷을 벗는 날, 우리는 다시 올 연둣빛 따사로운 봄을 기다리게 될 것이다.

우리네 마음에 불어닥친 쓸쓸한 겨울도 봄을 기다리며 따스하게 변해 가리라.

2019. 12. 6.

형

설 명절이 지난 첫 주 일요일 아침이다. 모처럼의 여유를 가져본다. 이곳저곳 아픈 곳이 많아지니 쉬는 날이 기다려진다. 그저 아무 생각 없이 무언가에 멍하니 생각을 빼앗겨 버리는 것도 쉼의 한 가지 방법일 테니까.

요즘 내가 가장 좋아하는 프로그램인 「슈돌」이 재방송되고 있다. 지난 일요일은 모처럼 설 명절이라고 찾아온 손녀와 놀아주느라 아쉽게 보지 못한 프로그램이다. 출연하는 아이들도 귀엽고 사랑스럽기 짝이 없지만, 그중 샘 해밍턴의 아이들인 윌리엄과 벤틀리(일명 '윌벤저스')를 가장 좋아한다. 외국인 아빠를 둔 아이들의 약간 어색한 듯한 언행이 한국인의 감성을 자극한다. 좌충우돌 웃음을 자아내는 장면들이 유독 그 아이들을 좋아하게 하기 때문이다. 윌리엄의 인사법과 어투는 한국인 아이보다 더 순 혈 한국의 아이처럼 보여 사랑스럽다. 아빠인 샘이 이미 한국인인 그 아이들을 정말 한국인처럼 키우고 싶어 하는 모습이 더없이 좋아 보인다.

오늘은 윌리엄이 친구 생일파티에 초대받은 날이다. 동생 벤틀리는 "형" "형"을 반복하여 부르며 쫓아가고 싶어 안달이다. 급기야 동생 벤틀리가 초대장을 찢어버리는 사태까지 일어났다. 형인 윌리엄이 눈물 바람까지 하며 속상해한다. 그래도 그 녀석은 절대로 동생을 때리거나 아프게 하지 않는다. 아빠 샘의 중재가 시작된다. 30개월도 채 안 되었을 벤틀리에게 파티에 가서 형 옆에 가만히 앉아 있기만 하겠다는 약속을 받아낸 후에야 벤틀리는 형을 따라나선다. 누가 봐도 어이없는 약속인 줄 뻔히 알면서 아빠가 받아 낸 약속이다.

파티장인 키즈카페에 도착한 윌리엄과 벤틀리, 친구들과 인사하고 자리를 정하여 앉는다. 당연히 초대받지 못한 벤틀리 자리는 없을 수밖에. 형인 윌리엄이 작은 의자를 갖다 주며 앉게 해 주지만 오늘은 동생에게 그 이상의 것을 양보할 생각이 없다. 촛불도 채 켜지 않은 생일 케이크를 먹으려고 들고, 친구의 생일선물을 뜯어 버리는 등 출발 전의 약속은 이미 물거품이 되어 버렸다. 형인 윌리엄의 "안돼" "안돼"를 거듭하는 제지에도 아랑곳없이 동생의 말썽은 끝이 없다.

케이크의 촛불을 끄고 난 윌리엄은 친구들과 키즈카페의 놀이기구에 빠져 여념이 없다.

친구들과 놀이에 빠진 형이 자신을 귀찮아하는 것을 알았는지

동생 벤틀리는 혼자 쓸쓸하게 놀고 있다. 벤틀리가 혼자 놀고 있는 작은 볼풀장은 공교롭게도 불마저 꺼져 있다.

아마도 초등학교 1학년쯤일 것이다. 다섯 살 위의 작은 오빠는 공부도 잘하고 쌈도 잘하는 요즘 애들 말로 하면 짱이었다.

그 시절, 오빠 또래의 아이들 놀이가 산으로, 들로 돌아다니며 하는 전쟁놀이가 대부분이었던 것 같다. 그런 놀이를 하러 가는 오빠를 따라나섰다가 미처 쫓아가지 못해 눈물 바람을 하면 오빠는 귀찮아 죽겠다는 표정으로 넘어진 나를 일으켜 세운다. 귀찮았는지 어떤 때는 때리기도 하고, 업기도 하며 데리고 다녔다.

오·육학년 오빠들의 놀이에 끼고 싶어 안달인 나는 그 작은 몸뚱이로 애써 보지만 역부족일 수밖에. 그렇다고 버리고 갈 수도, 두고 올 수도 없으니 짜증과 안타까움으로 여동생을 끌고 다닐 수밖에 없었다. 같이 놀아주지 않으면, 작은오빠는 큰오빠에게 혼이 나기도 하였다. 그때의 오빠나 언니들은 당연히 그처럼 동생들을 건사해야 했었으니 어쩔 수 없었다. 어느 날인가는 다음부터는 절대 쫓아오지 말라며 아껴 둔 사탕까지 얻어먹고도 울며불며 쫓아갔다. 하필 큰오빠에게 그 모습을 들킨 작은오빠는 큰오빠에게 혼쭐이 났다. 지금도 여전히 그날의 미안함이 가슴 깊이 남아 있다.

형!, 형! 부르며 쫓아다니던 벤틀리가 보이지 않는다. 걱정되었는지 네 살짜리 윌리엄은 같이 놀던 친구, 그것도 그날 생일파티의 주인공인 여자친구에게 미안하다고 하고 동생한테 가 봐야겠다며 일어선다. 네 살짜리 형인 윌리엄의 생각과 행동이다. 동생 벤틀리는 조명도 잘 들어오지 않는 구석진 볼풀장 안에서 혼자 놀고 있다. 형인 윌리엄은 "아가" 하고 부르며 동생에게로 달려간다. 형이 미안했다며 동생을 꼭 안아 준다. 네 살짜리 형 윌리엄에게는 아마 60이 되어도 동생 벤틀리가 '아가'이겠지. 겨우 세 살, 네 살짜리 형제의 돈독한 형제애가 내 마음을 자극했다.

하늘나라에 계신 오빠에게도 여전히 내가 초등학교 1학년 여동생으로 남아 있을지도 모르겠다. 육십이 넘어 할머니가 다 된 지금도 나는 큰오빠에게 혼쭐이 나게 만든 그 날의 미안함을 씻을 길이 없는데.

2020. 2. 2.

프로방스의 떠돌이

남프랑스의 이름다운 곳 프로방스, 낭만과 열정이 살아 숨 쉬는 곳이다. 여름이 되면 북 프랑스인들은 물론이고 유럽 사람들의 휴양지로 정평이 나 있다.

7월의 태양이 대지를 품으면 프로방스 지방의 들엔 라벤더가 보랏빛으로 물들고 라벤더 향기가 그득하다.

며칠 전 감사원장은 국정감사 현장에 출석하여 한수원 감사에서 이렇게 큰 저항이 있는 감사는 처음이라는 말로 감사발표의 어려움을 토로한 바 있다. 며칠 후 감사 결과는 2018년 6월 11일 회계법인이 제출한 경제성 평가용역보고서에서 월성 1호기 가동 중단 대비 계속 가동의 경우 경제성의 불합리성이 낮게 평가되었다고 발표했다.

TV조선에 따르면 한수원이 처음엔 월성 1호기의 경제성을 1,700억 원 이상으로 평가했다. 그 후 어떤 이유에서인지 변수를 조정해서 불과 며칠 만에 그 수치를 200억대로 낮췄다는 문건을 입수했다며 문건에는 그 과정이 고스란히 담겨 있다고 전했다. 문건대로라면 정부 측이 의도적으로 경제성을 낮췄다는 의미여서 파장이 클 수밖에 없다고 전했다. 선진국인 프랑스 등 세계 유수의 선진국이 동일본의 원전 사고에도 불구하고 원전 사용을 계속하겠다고 천명했고, 사고 당사국인 일본마저 경제적 이유로 원전 재가동을 시작하려는 마당에 우리만 이 무슨 작태인지 모르겠다.

세계 최강의 원전 기술 강국이 되었던 우리나라는 갑자기 끌어들인 탈원전 정책으로 기정사실로 되었던 원전 수주마저 물 건너갔다니 통탄할 일이 아닐 수 없다. 어떤 나라가 자국은 국민의 안전을 들어 탈원전을 주장하는 나라에 원전 프로젝트를 맡기려 하겠는가? 생각이 있는 사람이라면 누구든 알 수 있는 일이건만.

2년 전 남프랑스의 휴양지 프로방스에서의 일이다. 라벤더꽃이 피어오르기를 기다려 남프랑스의 뜨거운 태양과 어우러진 라벤더 꽃을 사진에 담으려고 지인들과 함께한 여행에서다. 우리 일행은 조그만 시골 마을에 민박 아파트에 숙소를 정했다. 아침 일찍 나선 촬영길 해돋이와 더불어 라벤더 촬영에 몰입했다. 몇 시간째 시간 가는 줄 모르는 촬영이 계속되니 배가 등과 일체가 되어 갔다. 금강산도 식후경이라며 숙소로 돌아온 우리는 그곳이 프랑스이건 말건 하얀 쌀밥에 김치찌개, 된장찌개 등 지극히 우리 입에 맞는 음식 준비에 여념이 없었다. 층당 예닐곱 개의 원룸이 들어서 있는 층에 우리는 4개의 원룸을 사용했다. 나머지 원룸에 입주한 듯한 동양인들이 자꾸만 우리 숙소를 슬쩍슬쩍 넘보기 시작했다. 어떤 이는 몰래 슬쩍 들여다보기도 해서 문을 슬쩍 닫기도 하면서. 식사 준비가 다 끝나고 프랑스의 테이블엔 우리가 만든 구수한 한식이 차려졌다. 각자 집에서 가져간 반찬들이 올라오고 일행은 늦은 아침 식사에 젓가락이 쉴 새 없이 움직였다.

조금 전부터 슬몃슬몃 우리 방을 들여다보던 동양인은 능숙한 한국말로 "저 김치찌개 조금만 얻어먹을 수 있을까요?" 한다. 누군가가 그랬다. "어? 한국분이세요, 들어오셔서 같이 식사하세요." 기다렸다는 듯이 들어온 그분의 손엔 수저까지 들려 있었다. 얼마 만에 먹는 한식인지 모른다며 숨도 안 쉬고 먹어 치운 후 그는 한국 커피까지 주문한다. 물론 있다. 일명 삼박자 커피, 그거 세계가 알아주는 맛이라며 고향을 떠나본 사람이면 더욱 그립다는 말까지 덧붙인다. 어쩌다 그렇게 좋아하는 김치찌개, 삼박자 커피를 못 먹는 신세가 되었다며 한숨을 몰아쉬는 그를 향해 우리는 묻지 않았다. 그가 이미 말할 태세가 되어 있음을 알았기 때문이다. 김치찌개와 삼박자 커피가 좋아진 건 이곳에 온 후였다고 한다. 한국에 있을 때는 그도 아메리카노나 에스프레소로 멋을 내는, 스테이크를 썰 줄 아는, 시쳇말로 겉멋 좀 부릴 줄 아는 사람이었다.

그는 원전 기술자다. 그곳에 세계 여러 나라의 원전 기술자를 초빙(채용?)하여 원자력 기술의 발전과 미래를 연구하는 국제 연구소가 있다고 한다. 당연히 원전 기술의 최강국이었던 우리나라의 기술자들도 몇 명이 그곳에 와 있다. 전 세계 25개국에서 선발된 기술자 중 우리나라 기술자가 제일 많다고 한다. 기술력을 인정받아서이기도 하고, 또 다른 이유는 가슴을 아프게 했다.

그는 한수원 연구원 출신으로 우리나라가 세계적인 원자력 강국이 되는데 이바지했다는 자부심과 그 자신이 세계적인 원자력 기술자라는 자부심을 느끼고 살았다. 그런 그들이 그곳 남프랑스의 원자력연구소까지 올 수밖에 없었던 이유는 단 한 가지이다. 우리나라가 그들의 미래를 보장해 줄 수 없다고 생각했기 때문이다. 정부의 탈원전 정책이 그들의 일자리를 불안하게 했고, 빼앗길 위기에 처해 있기 때문이다. 삼, 사십 년을 열심히 노력하여 얻어낸 세계적 명성도, 그들의 일자리도 와해 될 위기에 처하자 그들은 그 연구소에서 세계의 원자력 인맥을 넓혀 그들 스스로 김치찌개가 없는 밥상이라도 찾아보기 위해 나섰다는 얘기이다.

모든 국민에게 공평한 기회를 부여하는 살기 좋은 나라를 만들겠다던 정부는 그들 스스로 열심히 노력하여 가까스로 차려 놓은 밥상까지 뒤엎어 버리려는 마당이니 그들이 머나먼 이국땅에서 김치찌개를 그리워하며 떠돌아다니는 신세가 되게 만들고 만 셈이다.

지난 추석, 가황이라 불리는 나훈아는 공연 도중 '여러분 내가 살아보니 국민 때문에 목숨 걸었다는 왕이나 대통령은 본 적이 없다'라고 일갈했다. 어찌 목숨까지 걸어주길 바랄까? 프로방스의 그들처럼 걷어차인 밥상 때문에 떠돌아다니는 신세나 되지 않았으면 좋겠다.

2020. 10. 25.

5

작은 반란

작은 반란

'아끼다가 똥 된다.'라는 말이 있다. 한 마디로 쓸 때 쓰지 않고, 써야 할 곳에 쓰지 않고 아끼다가 자칫 그것을 잃을 수도 있다는 뜻이다.

가난한 조선 백성이었던 시절이 끝나자 일제 강점기, 6·25전쟁의 소용돌이 등 우리 선조들은 물론 우리 세대까지 아끼지 않으면 살아 낼 수 없었던 긴 시간이었다. 당연히 우리 민족의 유전인자는 아끼지 않으면 안 되는 피가 흐르게 되었는지도 모르겠다. 삼·사십 년 만에 이루어낸 괄목할 만한 경제 성장으로 이제는 선진국 국민이 되었다는 데도 우리의 핏속에는 아직도 아껴야 산다는 강박증이 도사리고 있는 것 같다.

며칠 전 한 지인이 회사를 방문한 일이 있었다. 아마도 그 역시 사회생활을 하는 동안은 항상 그 차림이었을 것이다. 정장 양복에 넥타이까지 졸라매었고, 까만 구두를 신었다. 우리 세대는 정장이 정석이었다. 중요한 자리에 갈 때는 물론이고, 회사에 다니는 사람이라면 누구나 검정 또는 회색, 아니면 감색 양복 등의 비슷한 색상의 양복과 하얀 와이셔츠가 기본으로 수십 년 동안 제복처럼 길이 들어 버린 우리 세대의 복식 문화이다.

요즘 젊은이들은 양말도 안 신는 게 유행이고, 캐주얼 정장은 기본이고 심지어는 반바지 차림으로 출근해도 무방한 복식 자유가 넘쳐나는 시대가 되었지만.

지인은 은퇴한 지 몇 년 동안 정장 차림을 거의 하지 않았는지 아니 결혼식이나 장례식 등에 갈 때나 입었음 직하다. 자리에 앉자마자 가는 날이 장날이라며 들어 올린 새 구두처럼 보이는 신발은 밑창이 흐물흐물 무너지고 있었다. 디디는 발자국마다 새까맣게 부서져 가루가 된 흔적들이 뒤쫓아왔다. 얼마나 우스웠던지 곤란해하는 그를 향해 여과 없는 웃음을 웃고 말았다. 아니! 얼마나 오랫동안 아껴 두었다가 신었기에 그 모양이냐며, 장난어린 핀잔까지 추가하자 더욱 난감해진 그가 까만 테이프를 찾는다. 다행히 고성능 전기 테이프가 항상 대기하고 있는 터라 조심스럽게 붙여 신으니 잠깐은 어떻게 견딜 만해진 것 같다. 그가 신발을 아끼느라고 신발장에 모셔 놓은 아닌 것 같고 이제 우리가 편안한 차림이 좋아진 나이가 되어 버렸다는 방증이리라.

20년도 훨씬 넘은 일인 것 같다. 개인택시 영업하시던 양아버지는 항상 이문동의 구두점에서 신발을 맞추어 신곤 하셨다. 추석이었는지, 설 명절이었는지 기억이 나진 않지만, 선물로 신발을 사 드렸다. 사랑하는 사람한테 신발을 사주면 도망간다는 말이 있는 터이지만 아버지이니 도망가실 리 만무한 일이다. 연세가 드셔서 불편하실 텐데도 그 무거운 구두를 신고 있는 모습이 불편해 보이던 차이다.

아! 예전에 연애하던 친구에게 구두를 사준 적이 있긴 하다. 그래서 그가 떠나 버렸는지 알 수 없지만.

백화점에 사소라는 어르신용 구두가 나왔다. 발이 편하고 가볍다는 광고와 함께 인기가 많았다. 꽤 비싼 신발이었지만 큰맘 먹고 장만해 드렸다. 요즘은 나도 어르신 대열에 끼어든 셈인지 즐겨 신는 신발이 되고 말았다. 신발을 보시더니 방안에서 신어보고 만져보고 하셨다. 가볍고 고급스럽게 생겼다며 좋아하셨다.

일하실 때는 다른 신발을 신으셨고, 거친 곳에 가실 때도 안 신으신 모양이다. 몇 년이 지난 후, 오늘 그 지인처럼 중요한 자리에 갈 일이 생기자 아끼고 아끼던 신발을 꺼내 신고 가셨다. 그렇게 아끼던 신발은 그 중요한 자리에서 사달이 나고 말았다. 신발창이 부서지고 말았다. 아버지께서 노여운 음성으로 전화하셨다. 신발이 그렇게 되었다며 어디서 샀는지, 혹시 속은 것 아니냐며 산 곳을 대라신다. 백화점이 K 제화라는 말에 달려가신 모양이다. 백화점의 K 제화의 점원이 어르신이 오셔서 난리가 났다며 전화가 왔다. 너희들이 신발을 이따위로 만들어서 파는 바람에 신발장에 고이고이 모셔 놓았던 신발이 이 모양이 되었다며 사기꾼이라는 둥, 속여서 불량품을 팔았다는 등의 욕설을

퍼부으신 모양이다. K 제화 점원에 의하며 신발을 아끼느라 신지 않고 오래 두면 그렇게 망가져 버리는 것이 당연하다는 얘기이다. 나도 그때 처음 알았다. 이해 안 가기는 나도 매한가지이다. 아버지는 말도 안 되는 소리라며 노발대발이셨다. 누가 그럴 것이라고 상상이나 했겠는가. 아끼고 아끼던 신발을 모처럼 신고 나가 딸이 사준 거라고 자랑까지 해야 하는 상황인데 속절없이 부서져 버린 신발창 때문에 얼마나 화가 나셨을지 짐작이 가고도 남았다.

겨우겨우 진정시켜드리고 모시고 오는데 아버지께서 "아끼는 것 똥 된다더니 그 말이 맞는구먼" 하신다. "그러게요, 이제 무엇이든 아끼지 말고 열심히 신으시고 쓰시고 그러세요" 하며 억지웃음을 웃었다.

아버지가 돌아가신 지도 10여 년이 다 되어 간다. 이 글을 쓰는 내 모습을 그곳에서 지켜보시는 아버지의 심경은 어떠실까?

L 선생님! 아끼는 것 똥 된다는데 왜 그렇게 아끼셨어요? 하고 웃어 보였더니, '허참' 하고 만다. 그날 그 구두는 테이프로 간결한 수리를 마친 채 소정의 임무를 다했다고 하니 아버지보다는 덜 아끼신 셈인가? 아마도 정장이 버거워지기 시작한 우리 세대의 홀대를 견디지 못한 신발이 작은 반란이 아닐까 싶다.

내가 언제 십 센티미터의 하이힐을 신었었는지 기억이 가물가물하다. 설마 나에게도 그런 반란이 일어나지는 않겠지? 신발장의 신발 군단을 눈여겨보아야 할 것 같다.

2019. 8. 31.

옛날이야기

어린 시절의 일이다. 농한기가 되면 엄마는 화롯가에서 앞집 H와 Y, 그리고 나에게 옛날이야기를 들려주셨다.

그중의 한 소절이다. 비가 추적추적 내리는 날 밭에서 김을 매다 보면 무언가 덜그럭거리는 것들이 잡힐 때가 많다고 한다. 돌덩이인가 하고 파내려고 안간힘을 쓰게 된다는 것이다. 돌덩이가 많으면 농사에 지장이 있기 때문이다. 애써 파낸 덜커덩거렸던 물건은 놀랍게도 사람의 유골이었다.

또 한 가지, 가끔 밭 한가운데에 돌무더기가 쌓여 있어 이를 치울 때가 많았다. 이 또한 농토를 한 뙈기라도 넓히기 위한 엄마의 집념 탓이다. 그 돌무더기를 열심히 걷어내면 거기에도 여전히 사람의 뼈가 소복이 쌓여 있었다는 얘기이다. 사람의 뼈라는 말에 머리끝이 곤두서 있는 우리가 그게 왜 거기 있느냐는 물음에 엄마는 한숨을 푹 내쉬며 아마도 사변 때 아무도 모르게 죽어간 사람들일 것이라며 그들이 귀신이 되어 구천을 떠돌고 있을 터이니 밤에 나다니지 말라는 말씀까지 덧붙이셨다. 그런 날 밤이면 H와 Y는 100걸음도 안 되는 자기 집에 갈 수 없다며 눈물이 그렁그렁해져 엄마를 쳐다본다. 엄마는 겁쟁이라고 놀리며 그 친구들을 집까지 데려다주곤 하였었다. 그때만 해도 4·3 사건을 입에 올리기가 껄끄러웠던 시절이었으니, 엄마는 우리에게 옛날이야기라며 들려주곤 하였던 것 같다.

평생을 자식들을 위해 바쁘게 살아오신 엄마는 70이 지나서야 딸인 나와 이런저런 이야기를 할 시간이 되었다. 그때도 어김없이 마치 옛이야기를 하듯이 말씀하셨다.

엄마의 바로 위 언니, 그러니까 내게는 셋째 이모이다. 그 이모부는 4·3 당시 산(山) 사람, 말하자면 공산주의자(빨갱이)였다고 한다. 엄마의 고향이 원래 산촌이었으니 아랫마을로 시집온 엄마와 달리 이모네는 여전히 산촌에 살았다. 산촌에 사는 사람들은 대부분 여건상 그쪽(공산주의자) 사람들의 요구도 들어줘야 했으니 부역자가 될 수밖에 없었다. 그중에도 이모부는 높은 직책을 가지고 있었다고 한다. 반면 아버지는 아랫마을에서 마을 일을 보고 있었으니 당연히 정부군의 통제를 받았다. 이모부는 걱정이 되었는지 식솔을 우리 집으로 보냈다. 남들이 알면 난리가 날 일이었지만 우리 부모님이 살던 마을도 이미 소개되었을 당시여서 바닷가 마을에 사는 고모할머니 댁에서 신세를 지는 형편임에도 이모네 식구들을 소 외양간의 뒤쪽을 막아 숨겨주었다고 한다.

얼마 지나지 않아 이모부는 돌아가셨고 이모는 그렇게 4·3 유족이 되었지만, 4·3 유족에 대한 복권이나 사면은 말도 꺼내 보지 못한 채 돌아가셨다. 이모부가 진짜 공산주의자였는지는 누구도 알지 못한다. 이모조차도. 이모가 돌아가실 때까지 누구도 그 얘기를 꺼낸 적조차 없다. 다만 산에서 높은 사람이었다고 하니 공산주의자였나 보다 할 뿐. 그 후로도 우리 가족은 누구도 그 서슬 퍼렇던 이승만 정부 때도, 박정희 정권 때도, 지금까지도 이모부가 공산주의자였다는 말을 하지도 내색하지도 않았다. 비단 우리 가족뿐만이 아니다. 4·3 때 각 마을에는 이런 가족과 친척, 이웃이 비일비재하였지만, 누구도 그 일을 입에 올리지 않고 살아왔다. 마치 금기시된 일처럼, 내가 자라는 동안 누구에게도 들을 수 없었던 그때의 적대적 감정들은 숨겨져 왔었던 것 같다. 아니 어쩌면 적대적 감정 따윈 없었을지도 모른다. 되새겨봐야 서로 아프기만 한 과거였을 뿐. 누구의 잘못도 아닌 일부 과격한 공산주의자와 정부군과의 틈바구니에서 희생당해야 했던 제주인의 아픈 과거였을 뿐이었기 때문이리라.

100여 호 정도밖에 안 되는 우리 동네에는 여러 집이 한 날에 제사를 지내는 날도 있다. 어릴 때는 아무런 관심도 없었지만, 머리가 크고 나서 이상하다는 생각이 들었다. 엄마는 산(山) 사람들이 그랬는지, 아랫사람들(경찰이나 군인)이 그랬는지 알 수 없지만, 하룻밤에 한곳에 모아놓고 죽여 버려서 그렇다고 하셨다.

며칠 전 내 지인은 평양에서 전쟁을 피하여 제주도의 화순으로 피난 갔었다고 한다. 4·3사건이 발생하자 산(山) 사람들이 내려와서 무작위로 사람을 죽이고 사람들의 코도 베어가고, 귀도 베어가고, 목도 따갔다는 것이다. 죽임에 대한 숫자를 확보하기 위해서였단다. 그분의 나이 그때 13, 4세일 때이니 그 기억은 정확하다며 지금 4·3에 대한 재조명에 울분을 토하셨다. 공산당(빨갱이)을 피해 제주도까지 내려갔는데 그곳에서 또다시 그런 일이 발생하자 부산으로 피난지를 옮겼다. 그때에는 산(山) 사람이 아랫사람이라 칭하며 그러기도 하고, 아랫사람이 산(山) 사람이라 칭하며 그러기도 하였던 일이 비일비재하였다고 한다. 제주도민들은 누구도 믿을 수 없었고, 누구의 청도 거절할 수 없었던 진퇴양난의 갈림길에서 두 진영의 희생양이 되었던 것 같다.

그 아픈 4·3의 결과는 그 당시 30만이었던 제주도민의 10%인 3만이 희생되었다. 그뿐만이 아니다. 그 이후 6·25전쟁이 발발하자 제주도민들은 중앙정부가 제주도민을 공산주의자로 낙인찍는 게 두려워 인천상륙작전에 3,000명의 생때같은 자식들을 제주해병이라 칭하여 내어놓아야 했다. 그들은 인천상륙작전에서 귀신 잡는 해병의 일원이 되었다. 그중에는 우리 삼촌도 있었다. 지금까지 제주도민들은 누구도 그 사건의 결과에 대해 양 진영을 원망하거나 질타하지 않고 살아왔다. 그저 한 시대의 슬픈 역사를 가슴에 묻고 서로 입에 올리지 않았으며 여러 집이 같은 날에 제사 지내는 이유조차 말하지 않고 살아왔다.

지난 4월 3일, 4·3 70주년을 맞아 문 대통령도 제주도를 찾았다. 제주 4·3의 역사적 진실을 바로잡고 침묵해 온 불명예를 회복하고 보상하기 위해서라고 한다. 제주 4·3 문제가 공권력에 의한 희생이었든, 공산주의들에 의한 희생이었든 희생의 당사자는 제주도민일 뿐이다. 모두가 친척이고 모두가 형제처럼 살아온 그네들의 상처를 다시 돋우어 생채기를 키우는 것은 아닌지 우려스러운 것은 엄마의 옛날이야기가 귓전에 맴돌기 때문인가 보다. 4·3 희생자를 추모하고 재조명한다는 핑계로 정치권이 이를 다시 이용하려 든다면 제주인들을 또다시 4·3 때와 같은 이분법적 논리에 휘둘리게 하여 70년을 한결같이 이해하고 용서하며 살아온 이들을 갈라놓는 우를 범하게 될 것이다. 진정 제주의 4·3을 재조명하고 3만 희생자와 그 유족 6만을 위한다면 정치적 논리는 한 톨도 끼워 넣지 말아야 할 것이다.

엄마의 옛날이야기에 등장한 덜거덕거리던 유골 또한 그 시절 희생자들의 것임을 굳이 말하지 않아도 알 수 있음은 엄마의 눈가가 촉촉해져 있었음을 느꼈었기 때문이다. 어쩌면 옆집 아저씨, 아니 이모부의 것이었는지도 모를 일이다.

오랜 침묵의 세월 동안 들판에 뒹굴던 뼛조각처럼 영혼마저 조각나버린 희생자들의 영전에 고개를 숙인다.

2018. 4. 7.

손가락을 잘라버리고 싶다

노무현 정부 때의 일이다. 그즈음 40대였던 우리 세대는 구릴 대로, 구려가는 기존 정치권에 대한 염증과 반감으로 새 사람을 선호하게 된다. 그들은 무언가 새로운 정치 형태가 보고 싶다며 기존 정치권의 틀에서 벗어나 있는 후보, 노무현을 선택했다. 후일 무슨 토론장에서인가 노무현 대통령 본인조차도 자신이 대통령이 될 줄 몰랐다고 할 정도였으니 이변은 이변이었던 모양이다. 그때에도 나는 아마추어를 뽑아 우리나라를 정치 시험장으로 만들 수 없다며 그를 찍지 않았었다. 아마도 변화를 두려워하는 내 소심한 성향 탓인지도 모른다.

얼마 지나지 않아 노무현 대통령은 탄핵 대상이 되기도 하고, 여러 가지 사건 사고로 지지자들의 마음을 아프게 했다. 그때 그랬다. 그를 찍었던 40대의 젊은 지지자들은 손가락을 잘라버리고 싶다고 했다. 대통령을 못 해 먹겠다는 등의 발언과 행동으로 지지자들의 신선한 바람을 초토화했기 때문이다. 물론 그분이 한 일 중 돈 안 드는 선거 등, 더러는 지금도 잘했다는 평을 듣는 분야도 없지 않다. 그러나 지지자들의 기대에는 영 미치지 못했기에 손가락 타령까지 끌어들이고 만 셈이다. 결국 퇴임하고 나서도 자살을 선택함으로써 어떤 이유로도 동조 받을 수 없는 일국의 대통령으로서의 도에 벗어나는 우를 범하고 말았다.

박근혜 전 대통령은 1974년 8월 15일 어머니 육영수 여사를 총탄으로 떠나보내고, 1979년 10월 26일 아버지 박정희 대통령마저 궁정동의 총탄 저격으로 목숨을 잃는 슬픔을 안고 청와대를 떠난다. 그 슬픔을 안고 노심초사, 절치부심하기 30 수년, 지난 2013년 2월 25일 18대 대통령으로 취임했다. 어머니 육 여사가 돌아가시고 아버지 옆에서 퍼스트레이디 역할까지 수행하며 쌓아온 노하우와 소속당의 위기 때마다 특별한 기지로 당을 구하는 모습을 보며 준비된 대통령임을 믿어 의심치 않았었다. 모두 아버지의 후광으로 당선되었다며 폄하할 때도 그렇게 생각하지 않았다.

그러나 해가 거듭될수록 되는 일이 없는 대통령이 되어 갔다. 발표하는 정책마다 야당의 견제에서 벗어나지 못했다. 야당의 반대 또한 헤치고 나아가야 함도 지도자의 덕목이거늘, 그 반대를 위한 반대조차 막지 못해 맥을 못 추었다. 당신의 소속당인 여당마저 양분되어 맥을 못 추니 정책은 추동력을 잃었고 앞으로 나아가질 못했다. 주변 사람들이 말하기 시작했다. 누가 찍었냐고.

슬슬 후회되기 시작했다. 어쩌면 야권에서 말하는 무능한 대통령이란 말이 사실인지도 모른다는 생각이 들기 시작했다.

마다가스카르의 순수한 자연 속에서 여러 번 떠올리게 했던 박정희 전 대통령, 그분이 안 계셨다면 오늘의 대한민국이 있었을까? 우리 세대, 아니 나에겐 특별히 기억에 남는 대통령이시다. 임기 말 집권 연장의 과욕으로 불행한 최후를 맞긴 하였지만 '가난은 나라님도 못 구한다.'라고 하였거늘 국민을 가난에서 벗어나게 하셨으니 그것만으로도 충분히 훌륭한 대통령이라 칭송받아야 마땅하다.

마다가스카르의 벌거벗은 산야를 바라보며 박정희 대통령의 나무 심기 사업이 생각났다. 우리들의 고사리손에 들려졌던 송충이잡이 깡통이 생각났다. 40년이 지난 우리 강산의 푸르른 모습이 그분 덕임을 누구도 부인할 수 없을 것이다. 요즘은 식목일이 있는지조차 모르고 지나가곤 하는데. 메마른 들판을 바라보며 어린 시절 박정희 대통령이 고무신에 밀짚모자를 눌러쓰고 모심기하던 모습도 떠올랐었다. 몸소 실천하는 모습이 생각나서일 것이다. GDP 400여 달러의 마다가스카르의 도심과 산야를 바라보며 그분이 아니었다면 우리도 지금 이들처럼 살고 있을지도 모른다고 생각하였다.

마다가스카르에서 돌아오는 귀국길, 공항의 TV에는 난리가 나 있었다. 이른바 최순실 사건이 터졌다는 것이다. 사건의 내용을 들으며 정말 야당의 음해일지도 모른다고 생각했다. 그럴 수 있다고 생각할 수 없었기 때문이다.

일 년여 동안의 재판과정을 지켜보며 나는 요샛말로 어이를 상실했다. 정치를 못했건, 경제를 추스르지 못했건, 민생과 국민의 안전을 책임지지 못했건, 소속 당을 양분시켰건 그건 부차적인 문제이다. 능력이 안 되면 어쩔 수 없는 일이다. 이미 뽑아 놓은 대통령이니 잘 못 뽑은 우리에게도, 나에게도 일말의 책임이 있다는 생각이다.

"피고인은 국가원수이자 행정부 수반인 대통령으로서 오랜 사적 친분을 유지한 최순실과 공모해 국민으로부터 위임받은 지위와 권리를 이용하여 기업의 자유를 침해했다." 2018년 4월 6일 박근혜 전 대통령에 대한 판결문의 일부이다. 전직 대통령에 대한 판결문 내용의 진위가 중요한가에 대한 의문은 앞으로의 역사가 재조명해 줄 것이다. 최순실과 공모했는지 최순실 혼자 했는지 그것도 역사가 알려 줄 것이다.

그러나 이것만은 안 될 일이었다. 있을 수 없는 일이다. 왜 정치와 아무런 상관도 없는 최순실이란 여자를 청와대 안을 물방구리 드나들 듯 드나들게 하여 그런 엄청난 일을 획책할 여지를 주었나는 것이다. 이것만으로도 충분히 세계만방을 향해 국민을 낯부끄럽게 하고 통탄하게 할 일이다. 최순실이란 여자 하나가 온 나라의 정치, 경제를 좌지우지하도록 방치하고 묵인한 죄, 온 국민을 그런 욕망덩어리 여자에게 맡겨 통치 행위의 근간을 흔든 죄, 그것만으로도 충분히 중벌을 받아 마땅한 죄이다. 옛날 같으면 국민을 향해 목을 내어놓아도 시원치 않을 죄가 아니던가(?)

아버지 박정희 전 대통령은 친척들마저 청와대 출입을 전면 금지했다는데, 그녀는 아버지에게서 배운 게 무엇이란 말인가?

몇 해 전 김대중 칼럼이 박근혜 전 대통령을 향하여 일갈한 "아버지의 빚을 갚으라."라는 논제의 기사가 떠오름은 그녀가 아버지의 빚은커녕 어머니, 아버지가 얼굴도 제대로 못 들게 만들어버리지나 않았나 하는 우려가 앞서기 때문이다.

이 판결문을 보며 나도 오늘 내 손가락을 잘라버리고 싶었다.

2018. 4. 7.

시집가고 장가간다네

시집가고 장가간다.

요즘 아이들은 시집가고 장가가기도 참 힘들다. 잘난 사람이나 못난 사람이나 너나없이 장가가고 시집가는 게 당연시되었던 우리 때와는 사뭇 다르다. 마치 숙명인 것처럼 받아들이던 우리와는 달리 잘나가는 애들은 인생을 즐겨야 하니, 해야 할 일이 많아서 그렇다고 한다. 못난 애들은 형편이 안 되어서라는 우리 생각엔 아주 설득력 없는 이유로 결혼 문턱을 넘기가 참 힘들다. 그러니 늦은 결혼으로 다 큰 애들을 품고 살아야 하는 우리네 어른들만 죽을 맛이다.

나의 특별한 친구의 아내인 J의 엄마에게서 전화가 왔다. 참 오랜만인 전화이다. 그도 나도 이젠 서로 먼발치에서 마음속에서만 절친인 것처럼 지내는 사이가 되고 말았다. 그렇다고 서로에 대한 우정이나 관심도가 줄어서는 절대 아니다. 아마도 그 친구는 내가 바쁜 것을 염려해서 그럴 것이다. 반면 나는 그 친구의 고교 동창이자 절친인 K의 남편이 은퇴까지 했으니 안 그래도 잘 챙겨 주던 이가 더욱 잘 챙겨 주고 놀아주고 있다는 걸 아는 터라 핑곗김에 소원해진 내 행동을 합리화하는 중이다.

드디어 딸이 결혼한다는 소식이다. 외국에 나가 있는 동안만 아니면 꼭 가마고 약속하는데 하필 출국 다음 날인 12일이라는 소리에 쥐구멍도 안 보인다. 어쩌냐는 내 변명에 걱정하지 말란다. 아들도 내년 3월 28일에 날짜를 잡아 놓았다고 한다. 다행이라며 그날은 꼭 가마 약속했다. 잠깐 기다리라며 달력에 표시하는 것도 잊지 않았다.

우리 아이가 고교 시절의 일이다. 사춘기를 순하게 겪는다 싶던 날이었던 것 같다. 무엇 때문이었는지 짜증을 부리던 그 애가 엄마 아빠 때문에 자기는 결혼 같은 것은 안 할 것이라며 울먹거렸다. 그때는 마음도 아주 아팠었고, 무척 미안하기도 했다. 그 후 한참 지나서 두 눈에 콩깍지를 씌게 한 그녀와의 열애 도중에는 자기는 결손 가정이긴 했지만, 엄마, 아빠가 싸우는 것을 본 적도 없고, 온 가족이 자기만을 사랑해 주어서 행복했었다고 한다. 거기에 더하여 용돈도 아빠한테도 받고 엄마한테도 받아서 더 좋았다고 한다. 결혼은 하지 않겠다던 그 아이는 취직이 되자마자 콩깍지 씌운 그녀와 결혼하여 토끼 같은 딸까지 낳아 열심히 깨를 볶고 있다.

하니 그 친구의 애들이야 엄마의 헌신적인 사랑으로 가정을 훌륭하고 아름답게 지켜가는 모습을 보아 온 터이니 결혼인들 마다할 리가 만무하다.

느닷없이 그 친구의 결혼식 때 모습이 보고 싶어졌다. 옛날 앨범을 열심히 찾았다. 나는 예나 지금이나 사진에는 남다른 관심이 있었던 모양이다. 학창 시절과 처녀 적 앨범이 자그마치 여덟 권이나 된다. 하긴 내가 사진발 좀 받는 편이긴 하다. 연도를 기억해가며 가까스로 찾아내었다. 85년 아니면 86년도쯤이었으니 세월이 참 많이도 흐른 셈이다. 나도 그 친구도, 그 친구의 아내도 참 곱다. 젊음이 묻어 있어서이겠지. 곱슬머리에 미남인 그 친구도, 훤칠한 키에 팔등신 미인이었던 그의 아내도 지금 어디에 내어놓아도 손색이 없는 미남, 미녀이다. 뭐 나도 이만하면 봐줄 만하다. 키가 좀 작은 게 흠이긴 하지만….

사진을 보며 그때의 모습을 회상하노라니 삼십 수년의 세월이 영화처럼 펼쳐진다. 처음 감전 사고가 나서 병원에 왔을 때 그 절망스러웠던 순간들, 잘 걷지도 못하는 친구를 데리고 산정호수까지 갔던 기억, 그 길에 동행해 준 내 친구들에게도 정말 고맙다. 그 친구들의 도움이 없었다면 불가능한 일이었을 테니까. 느닷없는 결혼, 그리고 아이를 낳은 후 그 친구의 집을 방문했을 때 부부가 아이 우유를 타며 티격태격하던 모습까지, 이제는 모두가 아름다운 추억 한 토막이 되어 가슴으로 들어온다.

내년 3월에 아들까지 결혼하여 그 아이들이 아이를 낳으면 다시 부부는 손자·손녀의 우유를 타며, 재롱을 보며 티격태격하게 되겠지? 상상만으로도 즐겁고 행복하다.

좋다, 좋아도 너무 좋다.

2019. 9. 29.

곰배령

곰배령! 이름이 참 예쁘다. 아니, 곱다는 표현이 더 어울린다. 무명 저고리를 입은 어여쁜 아가씨 모습처럼 순박해 보인다. 그 이름처럼 곰배령의 매력은 웅장하지도, 화려하지도 않은 소박한 아름다움을 느끼게 한다. 누군가의 말처럼 화장하지 않은 젊은 처자의 수더분하고 맑은 모습 같다고나 할까? 깊은 산속에서 발견된 이름 모를 들꽃이 수줍은 모습, 아무렇게나 우거진 나무들이 있는 다감한 곳이다.

몇 년 전부터 가 보고 싶었다. 동창들 모임에서, 친구들 모임에서, 여러 번 계획을 잡아보곤 했지만, 번번이 취소되곤 하던 곳이라 점점 더 가고 싶고 궁금해졌다.

몇 달 전부터 무릎에 약간의 통증이 매달리기 시작했다. 이러다간 해외여행은 고사하고 그토록 가고 싶었던 내 나라 안에 있는 곰배령조차 못 가 볼 것 같아 억지 춘향으로 계획을 세웠다.

코로나19 때문에 모든 모임도, 여행도 취소되었으니 이곳도 입산 금지 상황이 계속되어 온 터였다. 혹시나 하고 산림청 점봉산 곰배령 예약센터 홈페이지에 접속하였더니 6월부터 입산할 수 있다. 무조건 예약했다. 이번에는 혼자라도 가리라 결심했다. 무척 가 보고 싶은 곳이기도 하고, 내 무릎 상태를 시험해 보고 싶은 속셈도 한몫한 셈이다. 아픈 무릎이 더 심해질지 모르긴 하지만 지금 가지 않는다면 영원히 그 아름다운 무명천 아가씨의 모습은 볼 수 없을 것이란 위기감이 엄습해 와서이다.

목요일 오후 다행히 함께 가기로 한 친구가 둘이나 붙었다. 셋이면 딱 좋은 구성이다. 간단히 50밀리 단 렌즈를 장착한 가벼운 카메라 한 대와 등산지팡이가 전부인 차림으로 시원스럽게 뚫린 고속도로를 올라탔다.

곰배령 입구, 예약해 둔 펜션은 초라한 모습으로 우릴 맞는다. 코로나19 탓에 관광객이 뚝 끊겨버려서인지 주인아주머니는 달려 나오다시피 하며 반겨준다. 초라한 겉모습과는 달리 방안은 깨끗하게 정돈되어 있고, 편백나무 벽면은 피톤치드의 향기를 담뿍 내어준다. 조그맣게 탄성을 질렀다.

근처의 호수를 한 바퀴 돌며 몇 시간 동안 운전하느라 피곤한 몸을 풀고 숙소에 들었다. 식사 준비를 담당한 J 언니가 식사를 준비한다. 맘씨 좋은 주인아주머니가 명이나물, 민들레 나물, 두릅나물, 엄나무 순 등으로 만든 장아찌를 커다란 접시에 가득 담아 내주셨다. 이런 것이 아직은 살아 있는 시골 인심이다. 저녁

밥을 먹는데 무언가 부족하다. 솜씨 좋은 언니의 음식이니 맛이야 단연코 으뜸이다. 그런데 이상하게 오늘따라 언니가 고기를 준비하지 않았다. "언니! 삼겹살은 없어?" "아니, 사 먹는 줄 알고 준비 안 했는데?" "이곳에 사 먹을 때가 어딨어? 오면서 못 봤어? 편의점도 안 보이더구먼." "그러게, 어떻게 하지?" "어떻게 하긴, 빨리 서울 갔다 오셔!" 내 말에 미안함 반, 뜨악함 반인 얼굴이 가관이다.

핸드폰을 들었다. "사장님! 삼겹살 사다 놓은 것 있으면 좀 주세요. 장아찌 주시는 바람에 삼겹살이 없으면 안 될 것 같아요." 사장님이 깔깔깔 웃으시며 당신들 드시려고 둔 대패삼겹살을 750g이나 주셨다. 많다며 손사래를 치던 우린 눈 깜짝할 새 다 먹어 치우고 말았다.

봄에는 얼러리꽃, 여름에는 동자꽃, 노루오줌, 물봉선, 가을에는 쑥 부랑이, 용암, 투구, 단풍 등이 그 자태로 곰배령의 정취를 더해준다고 하니 어찌 기대하지 않을 수 있으랴. 경사가 완만하여 할머니들도 콩 자루를 이고 장 보러 넘어 다니던 길이라 하였으니 안심을 장착한다. 주먹밥을 도시락으로 하나씩 나누어 들고 산길을 나섰다. 소개의 말처럼 경사가 완만하고 나무들이 너도나도 경쟁하듯 하늘을 향해 키를 올리고 있으니 맑은 공기와 시원함이 몸속 깊은 곳으로 넘나든다.

금요일이어서인지, 코로나 때문이지 사람들도 많지 않으니 사회적 거리 두기가 저절로 되는 셈이어서 마스크 따위도 필요 없다. 하긴 펜션 주인의 말로는 당신들은 워낙 띄엄띄엄 살기도 하고, 공기도 맑으니 코로나, 마스크 따위 신경 쓰고 살고 있지 않는다고 한다. 그 말이 사실인 것 같다.

상, 하행 길 5킬로씩 그리 멀지 않은 셈이긴 하지만, 혹시나 무릎에 탈이 날지도 모를 일이니 아주 천천히 쉬엄쉬엄 가자고 시작된 상행 길이다. 사진도 찍고, 간식도 챙겨 먹고, 못 부르는 노래도 흥얼거리며 오르다 보니 4시간이나 걸렸다. 빠른 이들은 두 시간이면 족한 길이라는데.

정상에 오르니 넓은 평원이 우릴 맞는다. 곰이 배를 하늘로 향하고 벌떡 누워 있는 모습을 하고 있어서 곰배령이라 붙여졌다는 말처럼 시원한 바람이 곰의 배를 향해 불어온다. 해발 1,100m 고지에 약 165,290m² (5만 평)의 평원이 가슴을 활짝 편 모습이다. 계절별로 각종 야생화가 군락을 이뤄 만발하여 마치 고산 화원을 방불케 한다니, 가슴이 설렌다. 하지만 봄이 지나버려서인지 들꽃은 그리 많지 않았다. 사방이 탁 트인 곰의 배를 한 바퀴 돌고, 주먹밥으로 요기를 마치고 하산길을 나섰다. 산림 관리원은 다른 길이 조금 길고 험하긴 해도 경치는 아주 좋다는 설명에도 무릎이 걱정된 터라 올라온 길을 다시 내려가기로 했다.

하산길, 오를 때는 보지 못했던 야생화도 몇 컷 찍고 차가운 계곡물에 발을 담그니 그 시원함이 머리카락 끝까지 치고 올라간다. 오랜만에 같이 한 친구들과의 파안대소도 함께 한다. 우선은 내 무릎이 잘 견뎌내었다. 다음 날 아침도, 그다음 날도, 내 무릎의 상태는 그만그만하고 괜찮은 셈이니 곰배령 생체실험은 완벽했다.

이제는 겁먹지 말고 무조건 나설 것이다. 지금이 아니면 못 해 볼 무언가를 위해서.

무명 저고리 입은 아가씨 곰배령이 내 몸도, 마음도, 무릎의 상태까지 산뜻하게 치료해 준 셈이니 비단 저고리라도 입고 절이라도 올려야 하나?

2020. 6. 13.

목소리

태양을 삼켜 버린 구름 사이를 비집고 동녘 하늘이 옅은 황금색으로 얼굴을 치장하려 애쓴다. 오후부터 장맛비가 중부지방을 강타할 것이라는 예보 탓인지 매일 아침 만나던 동녘 하늘의 태양은 얼굴을 숨긴 채 안간힘을 내어 발그레한 얼굴을 겨우 내민다.

흙내음을 물씬 풍기는 숲길을 오르면 '개운산 스포츠 센터'라는 대충 세워진 허름한 팻말이 기다리는 곳에 이른다. 야외에 천막을 치고 낡은 운동기구가 설치된 '스포츠 센터'는 그래 봬도 30년 이상 그곳에서 동네 사람들의 건강 지킴이 역할을 충실히 하고 있다. 40여 분 동안 나뭇잎이 살랑이는 소리, 새소리, 바람소리를 들으며 땀범벅이 되어 올라간 몸을 쉬게 하는 곳이다. 그곳에 모인 사람들은 야외에 설치된 각종 운동기구로 스트레칭을 하며 가벼운 눈인사로 서로의 안부를 묵언으로 묻는다. 코로나19로 새로 생겨난 풍속도 묵언 인사인 셈이다.

느닷없이 우렁찬 체조 구령 소리가 좌중을 압도한다. 토요일에

만 있는 일인지 알 수 없으나 운동을 하는 사람들은 그저 심상한 얼굴이다. 아마 토요일이면 늘 있었던 일인지도 모르겠다. 나도 모르게 '엇, 둘'(하나, 둘을 따라 한 아이들의 장난스러운 표현) 하는 구령에 몸이 기억하는 체조가 생각났다. 초등학교 시절부터 고등학교 졸업 때까지 조회 시간이면 어김없이 등장하던 소리이다. 수십 년 전의 그 목소리 그대로이다. '국민체조 시이작!'을 우렁차게 외치며 시작되는 '하낫, 둘, 셋, 넷. 둘, 둘, 셋, 넷.'은 코흘리개 1학년부터 6학년까지 운동장에 모여 앞에서 시범을 보이는 체육 선생님의 동작에 따라 실시된다. 중학교도, 고등학교도 마찬가지이다. 어릴 적에는 오늘처럼 더운 여름철이면 땀을 뻘뻘 흘리며 대강 따라 하다가 무서운 선생님한테라도 걸리면 더러 엉덩이를 걷어차이기도 했다. 어떤 아이들은 뜨거운 태양 볕 때문인지 힘없이 흐느적거리는 팔다리를 움직이며 쓰러졌다.

신기하게도 그 목소리가 수십 년이 지난 오늘도 여전히 개운산의 군부대 구령 소리로 남아 생존하고 있다. 갑자기 목소리의 주인공이 누구일까가 궁금해졌다. 수십 년을 한목소리로 오늘도 여전히 연병장 내 군인들의 몸을 움직이게 하고 있다니, 아직도 살아 있는 사람일까? 아니면 그냥 수십 년 전에 녹음한 그 목소리를 아무 생각 없이 쓰고 있을까?. '에이 설마?' 하긴 설마가 사람 잡는다고도 했으니. 그렇다면 정말 무어라 해야 할까? 지나치게 타성에 찌들어버린 군대 문화? 몹시 궁금하다. 너무 궁금하다. 누구인지 알고 싶다.

목소리라면 나도 할 말이 많긴 하다. 체격이 작아서인지 나는 목소리가 유난히 작다. 성악가들을 보면 체격도 좋고 얼굴도 커서인지 우렁우렁한 목소리가 울림통을 가진 것처럼 목소리가 깊이가 있고 폭이 넓다. 당연히 노래도 잘 부를 수밖에.

반면 나는 얼굴도 작고, 키도 작고, 어디를 봐도 큰 게 하나도 없어서인지 목소리마저 작아 상대방이 잘 안 들린다고 크게 말하라고 할 정도이다. 당연히 노래도 못한다. 몇 년 전 강의할 기회가 있어 마이크를 잡았다. 마이크를 통해 나가는 목소리마저 작았는지 안 들린다는 불만이 속출해서 진땀을 뺀 적이 있다. 다행히 10년 전 시작한 합창단에서 소리 내는 법을 연습한 이후로 좀 나아지긴 하였지만, 타고난 목소리를 따라가긴 언감생심이다. 그러니 수십 년 전 그 목소리가 부러울 수밖에. 오늘 저 목소리의 주인공은 대체 누구이길래 수십 년 전 그 목소리 그대로 '엇, 둘'을 하는 것일까? 그때의 그 목소리 그대로 맞는 걸까? 귀에 익은 그 목소리. 불과 몇 분 만에 끝나버린 그 목소리의 주인공에 대한 궁금증이 들불처럼 피어올랐다.

흙먼지 날리는 운동장의 맨 앞줄에 서서 조그만 팔다리를 흔들어 대던 어릴 적 모습이 떠올라 빙그레 웃었다. 아마도 그때의 내 얼굴은 짜증 한 바가지 뒤집어쓴 모습이 아니었을까? 운동장에서 체조하는 날이면 제발 태양 볕이 구름에 가려지기를 간절히 바라던 작은 가슴이 생각나 안쓰러워진다.

동녘 하늘은 이미 구름에 점령당해 잿빛이다. 잿빛 하늘을 이고, 산에서 내려오면서도 '엇, 둘'은 귓가에 쟁쟁하다.

2020. 7. 18.

신세계

1492년 8월 3일에 신대륙 발견을 위해 출항한 콜럼버스는 10월 12일에 현재의 바하마제도에서 와틀링 섬에 도착한다. 이날은 아메리카 역사상 가장 중요한 날이 되었다. 인도 일부라고 생각한 콜럼버스는 원주민들을 인디언이라 칭했으며, 그가 죽을 때까지 그렇게 알고 있었다고 한다. 1493년에 귀국한 콜럼버스는 왕으로부터 '신세계'의 부왕으로 임명되었다. 그 후 아메리카 대륙의 대표 주자 미국은 세계의 패권을 쥐락펴락하며 신세계의 면모를 보이고 있다.

신세계를 경험하는 것은 콜럼버스의 후예들만이 아니다. 요즘은 나도 매일 신세계를 경험하는 중이다. 해마다, 달마다, 날마다 달라지는 신체의 신세계는 전혀 경험해보지 못한 새로운 세계로 데려다준다. 봄부터인가 무릎이 갑자기 아프기 시작했다. 자동차를 운전하다 내릴 때, 장시간 의자에 앉았다가 일어날 때, 방바닥에 앉았다가 일어날 때 절뚝이 신세가 되고 만다. 열심히 족욕도 하고, 운동도 하고, 치료도 받아 보았지만, 퇴행성 관절염이란 진단받은 무릎은 같은 상태로 있길 고집했다. 마음도 심란해지고, 가슴도 답답해졌다. 이러다 휠체어 신세 지는 것은 아닌가 걱정도 앞서니 매사가 심란해지고 마음이 땅 밑으로 꺼지는 듯하다.

몇십 년 만의 긴 장마는 더욱 불편함을 가중했다. 오기가 생겼다. 아! 이러다 그토록 가고 싶은 곰배령길도 한 번 못 가는 것 아닌가 하는 초조감까지 엄습해 왔다. 무조건 예약했다. 코로나19의 여파로 입산 일을 조절하긴 하여도 금지한 상태는 아니어서 어렵게 진행된 셈이다. 우선을 내 무릎에 대한 실험이 주목적이 되었다. 더 늦어지기 전에 다녀와서 입원하더라도 가 보자는 심산으로 나섰다.

6월 11일 여름이 시작된 금요일이다. 코로나 여파로 인해 여느 때보다 한산해진 곰배령길은 다소 험하긴 하지만 비교적 완만한 산길을, 숲길을, 물소리 새소리 들으며 걸을 수 있는 길이였다. 친한 친구들인 두 J와 함께이다. 오랜 벗이라 서로 눈만 보아도 마음을 읽을 만큼 돈독해진 사이인지라 산행길이 온전히 힐링 타임이 되었다. 걱정이 앞선 탓에 무릎 보호대도 단단히 채우고 가서인지 무탈하게 잘 다녀온 셈이다. 그 후부터인지 정확히 기억나지 않는다. 어쨌든 무릎관절의 통증은 기억에서 슬금슬금 자취를 감추었다. 기분이 무척 가벼워졌다. 친구들한테 자랑도 빠트리지 않았다. '곰배령 다녀오고 나서 무릎관절이 나았다고(?), 그곳에 영험한 산신령이 있었던 것 같다'라며 너스레도 떨었다.

계절 탓인가? 무릎관절은 다시 조금씩 삐걱거리기 시작한다. 무슨 이유인지 알 수 없으니 계절 탓이라 해 보기도 하고, 나이 탓이라 해 보기도 하는 중이다. 하긴 이런 현상이 비단 무릎만 있는 것은 아니다. 어느 날은 어깨가, 어느 날은 목덜미가 뻐근하고, 또 다른 날은 허리가 아프다. 날마다 생애 처음 맞는 새로운 날은 맞이하고, 날마다 생애 처음 느끼는 통증들과 만나는 신세계를 경험하는 중이다. 콜럼버스가 신대륙에 처음 발을 들여놓았을 때 경험했을 것 같은 성취감이나 정복감은 아니다.

내 몸 어딘가에 날마다, 달마다, 해마다 늘어나는 통증의 신세계는 내가 정복해야 할 것으로 내 몸에 남겨지고 있다.

대통령의 공약 중 '국민 여러분의 경험해 보지 못한 새로운 나라를 만들어 주겠다'라던 공약만은 지켜지고 있는 것 같다. 코로나19로 온 국민의 피로도는 극에 달했다. 노약자와 소상공인, 비정규직 근로자 등, 취약계층을 위한 나라를 만들겠다던 정부는 그들을 더욱 나락으로 떨어지게 하는 상태가 계속되고 있는 나라. 국민도, 백성도, 아우성친다. 오직 그들만의 리그에 참여한 이들을 제외하면 누가 지금의 이 상황을 온전히 견디고 이해할 수 있을까? 참고 견디어 줄 것을 강요하는 그들에게 우리는 어떻게 해야 할까? 참고 견디면 이 아픔을, 이 절망감을 회복할 수 있을까?

이 정부가 만들어 준 신세계는 언제까지 계속될까? 성취감도, 정복감도 이해도 안 가는 신세계에 상륙한 우리의 장래가 참으로 암담하다. 이게 우리가 원했던 신세계라고 생각하고 있다면? 이거 아니라고 말하고 싶다.

2020. 10. 11.

스터디 카페

청운의 꿈을 안고 서울에 온 지 어느새 40여 년이다. 요즘 아이들에게 공부가 하고 싶어 서울로 왔다는 소리를 한다면 이해할 수 있을지 모르겠다. 하긴 옛말에도 사람은 서울로 보내고 말은 제주로 보내라 하였으니 당연한 일이라 여겨야 하나? 공부할 수 있는 환경을 찾아서 온 것만은 확실하다.

요즘은 카페가 그냥 차나 마시는 그런 곳이 아니다. 창가에 일렬로 배치된 탁자에는 노트북을 사용할 수 있는 시설이 갖춰져 있다. 학생들은 집이나 도서관이 아닌 카페에서 공부한다. 언제부터인가 카페는 공부하는 곳으로 정의되어 가고 있는 듯하다. 상호마저 'OO 스터디 카페'로 바뀌어 가고 있으니 대세가 되어 가고 있음은 분명한 것 같다.

70년대 말, 80년대 초 서울의 도서관 수는 많이 열악했다고밖에 할 수 없다. 국립 남산도서관, 수려한 경관을 자랑 하나 접근

성은 제로라고 해도 무방하다. 명동이나 서울역에서 걸어서 이삼십여 분은 족히 걸린다. 구경삼아 운동 삼아 슬슬 걸어가도 좋은 곳이긴 하지만, 시간을 쪼개어 살아야만 했던 그때는 시간도 에너지도 아까워 죽을 맛이었다. 같이 가 줄 친구라도 있으면 다행이지만 새벽 4시에나 가야 자리를 차지할 수 있었던 그때, 그것도 주말에나 갈 수 있었던 나에겐 그림의 떡인 셈이다.

정독도서관, 이곳 역시 마찬가지이다. 지금은 마을버스도 있고 경제적 여유가 좀 생겼으니 택시도 이용할 수 있지만, 205번 버스(지금의 272번)를 타고 안국동에서 내려 한참을 가야 했으니 불편하긴 마찬가지이다. 그때의 도서관을 세운 사람들은 이용자의 편의성은 전혀 고려하지 않고 그저 풍광 좋고 조용한 곳만을 찾았던 모양이다. 하긴 그래서인지 남산도서관 커플은 꽤 많이 탄생하긴 했다.

공부할 장소를 물색하던 내가 찾은 첫 번째 대안이다. 명동의 필하모니, 클래식 음악감상실이다. 좌석 앞에는 자그마한 개인용 탁자와 조명 스탠드가 마련되어 있어 안성맞춤이다. 지금도 라디오를 습관적으로 틀어 놓는 버릇이 있으니까. 커피값이 조금 비싸긴 하지만, 유료 도서관 가는 셈 치면 되었고, 잘 알지도 못하는 클래식 음악을 종일토록 깔아주니 집중력도 배가 되었다. 소설 읽기부터 시작한 필하모니 독서실(?)은 요즘 아이들의 스터디카페 이용처럼 생각하면 되었던 셈이다. 모르는 이들은 내가 클래식 애호가인 줄 알았을 거다.

두 번째 대안이다. 아마 80년대 후반부터인 것 같다. 아침 일찍 배낭을 메고 북한산을 오른다. 4·19탑 입구 버스정류장에서 도선사 신도 전용 버스를 타고 도선사로 간다. 버스비는 불전함에 넣으면 되었다. 가끔은 돈이 아까워 안 내는 경우도 있긴 하였지만, 천주교 신자가 신도 행세를 해야 하니 꼬박꼬박 내려고 애는 썼다. 주로 봄이나 여름, 가을에 이용하였다. 일단 산행을 간단하게 하고 내려온다. 점심은 절에서 신도들을 위해 내주는 밥으로 때운다. 물론 공짜이다. 이 절밥이 밥, 된장국, 짠내 나는 장아찌 두엇이지만 산행을 한 후 먹는 거여서인지 맛이 아주 그만이다.

박정희 대통령과 육영수 여사의 영정이 커다랗게 모셔진 대법당에 법회가 끝나면 시원한 대청마루에서 불경을 읽거나 기도를 열심히 하는 몇몇이 있을 뿐이다. 배낭에서 전공 서적도 꺼내 보고, 문학잡지도 꺼내 보고, 소설책도 꺼내 보며 너덧 시간을 보낸다. 지나가는 스님이 슬쩍 보시고 빙그레 웃으시기도 한다. 어느 스님은 불경을 열심히 보는 줄 알았더니 공부하시네요, 하시며 웃으시기도 한다. 대통령 내외분도 슬며시 웃는 것처럼 보일 때도 있다. 대낮의 뜨거운 태양이 조금 사그라지면 석불이 있는 야외 법당으로 나간다.

도선사 석불은 신라 경문왕 2년(862년)에 신라말 도선국사(道詵國師: 827~898)가 조성했다고 전해진다. 그 형태로 보아 고려 시대에 유행했던 마애불(磨崖佛) 계통을 이어받은 조선 중기의 작품으로 추정된다고 기록되어 있다. 석불의 유래는 중요하지 않다. 그 석불이 위치한 야외 법당의 시원함, 차가운 돌바닥에 수백 년은 족히 살아낸 고목의 그늘이 주는 안정감이 내가 무언가를 하기에 딱 들어맞는 환경이라는 게 중요했다. 커다란 신도용 방석을 깔고 예의는 갖추어야 하니 7배의 절을 한다. 7배를 하는 이유를 여러 번 들었는데 지금은 기억나지 않는다. 그곳에서도 역시 나는 여러 종류의 책을 꺼내서 읽으며 독서실을 만들어 버렸다.

세 번째 대안이 지하철이다. 이는 굳이 설명하지 않아도 쉽게 알 수 있는 일이다.

요즘 학생들이 공부하러 간다고 나서면 엄마들은 무척 좋아한다. 흔한 게 독서실이니 그곳으로 가겠거니 생각하고 있으니까. 학생들이 가는 곳이 독서실이나 도서관이 아닌 카페를 가는 걸 아는 엄마들은 가끔 기가 막힌다고 한다. 그곳에서 무슨 공부를 하겠냐는 것이다. 시끄러운 음악 소리에 옆에서는 커피 등 각종 음료와 케이크 냄새 등이 자극하는데 무슨 공부가 될지 걱정한다. 내 경험으로 보아 크게 걱정할 일은 아닌 것 같다. 어디면 어떤가. 집중할 수 있는 환경이 각자 다를 터이니 자신에게 맞는 환경을 찾아 나서면 그만이다.

사람마다 다른 성향과 특성을 가졌으니 믿고 기다려주면 될 일이다. 물론 더러는 공부 아닌 다른 목적을 더 중요시하는 이들도 있겠지만.

내 생각이 다 옳다고는 할 수 없다. 공부하던 장소가 아주 적격이었으면 명문대 졸업생이 되었을 텐데 그러진 못했으니.

그러고 보니 내가 스터디 카페의 원조인가? 늦가을 진홍빛 단풍이 카페 창문 밖에서 눈웃음을 짓는다.

2020. 11. 20.

그해 겨울

첫눈이 온다. 잔뜩 찌푸린 하늘에서 첫눈치고는 제법 많이 내려 길옆 가로수 등걸 위로 소복이 내려앉는다. 첫눈이 오면 무조건 어딘가에서 만나자 등을 약속하던 시절이 그립다. 다시 그 시간으로 돌아갈 수는 없지만, 가슴에 몽글몽글한 감동이 한 움큼씩 남아 있던 시절이 있음은 행복한 추억이다. 그해 겨울의 추억도 그랬다.

주경야독이라는 거창한 단어를 끌어안고 간신히 3년을 버티어 낸 우리 앞에 놓여 있는 졸업이라는 단어, 그 단어는 우리를 한랭전선이 몰아치는 북극의 어디쯤으로 몰아넣고 있었다. 그렇지 않아도 바람 많기로 유명한 제주의 찬바람 속 겨울은 유난히 추웠다. 낮에는 일하고 밤에는 공부하는 학교생활이었어도 아직은 학생이라는 안도감 반, 빨리 졸업해서 돈을 벌어야 한다는 절박함이 반인 우리에게 고3의 겨울은 찬바람이 몰아치는 해변에 홀로 서 있는 것처럼 차디차고 황량했다. 고3이라고 시간은 우릴 기다려주진 않았다. 아니 오히려 더 빨리 지났다. 세찬 겨울바람을 향해 서 있는 우리에게 어김없이 찾아왔던 그해 겨울의 크리스마스, 우리의 마지막 낭만을 지키기 위한 처절한 몸부림이었을지도 모른다. 아직도 생생한 기억으로 남아 이렇게 눈 오는 겨울날이면 따뜻하게 가슴을 적셔온다.

고교 시절 마지막 크리스마스를 멋지게 보내고 싶은 간절함이 우리를 용감하게 하였을 것이다. 누군가는 공무원이 되었고, 누군가는 은행원이 되었고, 누군가는 회사원이 되어 있긴 하였지만, 우리가 하고 싶어 하는 일들은 아니었다. 그저 대학을 포기할 수밖에 없는, 아니 생각조차 할 수 없는 일이기에 주어진 미래를 받아들여야 함에 절망만 하고 있기에는 우리의 청춘이 너무 아쉬웠으리라.

고3생인 우리가 미팅이란 걸 하기로 했다. 그것도 용감하게 1박 2일씩이나. O고등학교 남학생 7명, 우리 7명 친구(일명 라일락이라는 명칭의 모임 멤버)가 자취하는 집에서 1박 2일의 거창한 파티를 열기로 하고 선생님을 찾아뵈었다. 깜짝 놀라신 선생님은 우리의 결연한 의지를 보셨는지, 당신의 집을 비워주신다고 하신다. 신혼집으로 아기도 있는 선생님 댁은 방 2개짜리 사글세 집이다. 넉넉하지 않은 살림이었지만 제자들이 수시로 드나드는 댁이다. 털털하고 넉넉한 사모님 덕에 식사를 제대로 챙기지 못하는 제자들이 수시로 그 선생님 댁 밥을 축내는 탓에 한 달에 쌀

두 가마가 모자랐다고 한다. 어쨌든 선생님의 설득에 꼼짝없이 우리는 그 댁에서, 그것도 우리 학교 학생들과 해야 한다는 전제까지 붙여졌다. 다른 학교의 학생들과 신선한 만남을 기대했던 우리는 그저 3년 동안 일명 '남사친'으로 지낸 친구들과 하기로 했다.

그렇게 시작한 1박 2일의 미팅은 12월 24일 저녁부터 25일까지 이어졌다. 서로 친한 친구들이니 설렘도 없고 쑥스러움도, 부끄러움도 없는 맹물 같은 미팅이다.

그래도 미팅은 미팅이니 파트너를 정했다. 이광수의 『사랑』에 나오는 주인공 석순옥과 안빈의 지고지순한 사랑의 커플을, 루이제 린저의 『생의 한가운데』의 주인공 니나 부슈만과 슈타인 박사도 동원되었다. 지금은 기억나지 않지만 그렇게 동원된 소설 속의 커플들은 나름대로 사랑의 화신들이었다. 나는 니나 부슈만이 되었다. 슈타인 박사는 아마 H였던 것도 같다. 나름대로 예쁜 노트에 자필로 필사한 시집을 만들어 주는 친구도 있었고, 예쁘게 수놓은 손수건을 내놓은 친구도 있었다. 다만 누구의 것인지는 밝히지 않았으니 서로 짐작만 할 뿐이다. 그 분홍색 필사본 시집을 얼마 전까지 가지고 있었으니 꽤 소중한 기억이었던 것 같다.

그해 겨울 크리스마스이브는 눈이 많이도 내렸다. 선생님 내외를 내보내 버린 그 집에서 밤을 새워 놀았다. 25일 크리스마스, 14명의 커플이 버스를 타고 산천단으로 갔다. 지금은 번화가가 되었지만, 그때는 정말 산촌이었다. 수령이 몇백 년이 되었다는 산천단 왕소나무 앞엔 눈이 허벅지까지 쌓여 있었다. 눈싸움에, 눈사람 만들기에, 영화 「러브 스토리」의 한 장면을 연출하기도 하며 눈으로 할 수 있는 모든 놀이는 다 하지 않았나 싶다.

저녁 헤어질 시간이다. 24일 저녁 6시에 만나 다음날 25일 하오 9시까지 27시간 동안 우리들의 크리스마스는 그렇게 저물고 있었다. 남학생들 서넛이 서문시장에서 막걸리를 마시고 왔다. 대토론의 장이 벌어졌다. 학생의 본분을 따지기도 하고, 인생론을 펼치기도 하고, 절망을, 슬픔을, 희망을, 미래를 논하기도 하였다. 아마도 O고교생들과의 미팅이었다면 이런 토론의 장은 없었을 것으로 짐작된다. 헤어질 즈음 선생님이 오셨다. 사고 없이 잘 놀아줘서 고맙다는 말씀부터 하신다. 우리는 그저 '집을 빌려줘서 감사합니다'라고만 했다. 아마도 우리의 가슴은 그때 선생님의 마음을 헤아려드릴 준비가, 여유가 없었으리라.

그해 겨울을 보내고 우린 생활전선으로 뛰어들었다. 뒤돌아볼 겨를도 없었던 시간을 보낸 우리가 지금은 모두 그때 교장 선생님만큼 나이가 들어 모두 할머니, 할아버지가 되었다. 그 사건으로 선생님은 교장 선생님께 불려갔다고 한다. 사연을 들으신 멋쟁이 교장 선생님은 선생님께 문책이 아닌 칭찬을 하셨다고 하니 선생님 못지않은 참 스승이셨던 셈이다.

지금도 생각나는 한 마디, 처음 마시는 막걸리에 취했는지 한 친구는 울음 섞인 목소리로 '뭐든지 할 수 있다'라며 언젠가 꼭 성공한 사람이 되리라며 울부짖었다. 그 친구만이 아닌 모두가 헤어짐의 시간이 되었을 때 숙연한 마음이 되었다.

그해 겨울 우리에게 있었던 1박 2일의 크리스마스 파티는 우리의 오늘을 위한 커다란 기폭제가 되었으리라.

지금도 여전히 우리는 남사친으로 잘 지낸다. 제주에 사는 그들에게, 선생님께 나의 두 번째 책인 포토에세이집 『그들의 상그릴라』를 보냈다.

2020. 12. 13.

시나리오

윤석열 검찰총장에게 징계위원회는 정직 2개월의 징계를 내렸다. 법무부 L모 차관을 임명하는 조건에 징계위원회에 참가시키지 않기로 했단 보도는 사실이 아니었을까? 알 수 없지만, 그도 징계위원회 위원이 되었고, 누구보다도 아주 큰 몫을 하였으리라는 짐작이 가는데 그런 생각하면 안 되는 것일까?

봉준호 감독의 영화 「기생충」의 탄생은 탄탄한 시나리오와 스토리보드에서 탄생하였다고 한다. 봉테일이라는 별명에 걸맞게 그는 놀라운 디테일의 시나리오를 쓰는 것으로 정평이 나 있다. 그가 쓴 스토리보드와 시나리오를 보면 얼마나 큰 노력과 열정이 들어가 있는지 짐작하고도 남는다는 평이다. 그런 노력과 열정이 그를 세계적 거장이 되게 하였을 것이다. 우리나라 영화를 아카데미라는 큰 무대에 올려 그를, 그의 배우들을, 그의 조국을 빛나게 하였음은 두말할 것도 없다. 그 시상식 장면을 보는 대한

민국 국민의 가슴도 뭉클한 감동과 자부심을 느끼게 하였다.

봉준호 감독은 시나리오를 카페에서 쓴다고 한다. 영국 런던 BFI와의 인터뷰에서 '저는 집이나 사무실에서 시나리오를 쓰지 못하고, 고립된 곳에서 쓰지 못하고, 항상 카페에서 써요. 커피숍 같은 데서…. 습관이 그렇게 들어가지고, 사람들의 소음을 들으면서 쓰게 되는데 사람들을 등지고, 그게 저한테 영향을 많이 미치는 것 같아요.'라고 하였다. 그만의 특별한 장소가 아닌 그저 일상적인 공간, 일상적 삶이 만들어지는 곳에서 쓰는 시나리오다. 특별한, 아주 일상적인 스토리를 부여하는 일상적 행위가 가미된 그의 시나리오가 섬세한 디테일을 만들어 낸다는 것은 그만이 가진 특별하고 탁월한 능력이 아닌가 싶다.

봉 감독의 힘은 하나하나를 만화처럼 일일이 묘사해서 그려 놓을 정도의 철저한 준비와 세밀함, 기가 막히게 잘 쓰는 시나리오에 있다고 한다. 그것이 그를 오늘날의 거장으로 만든 가장 큰 요소이며 원천이라고 세인들은 평한다.

31세의 나이에 「플란다스의 개」로 장편영화에 데뷔했지만, 흥행에는 실패한다. 봉준호의 재능을 믿은 대표가 다시 기회를 줬고 「살인의 추억」으로 흥행에 성공하며 대중적으로 널리 알려지게 된다. 그 후 「괴물」로 1,300만 관객을 동원하며 한국 대표 감독의 반열에 오른다.

2019년 「기생충」으로 제72회 칸영화제 한국 영화 100년 역사상 처음으로 황금종려상을 받았다. 그 후 2020년 2월 9일 아카데미상 시상식에서 각본상, 국제영화상, 감독상, 작품상을 받으며 엄청난 기록과 영예를 안게 되었다.

이 모든 과정에는 그의 탄탄하고 디테일한 시나리오가 있었음을 두말할 것도 없다.

2020년 12월 16일 년 말을 보름쯤 남겨둔 저녁 뉴스특보, 대통령께서 윤석열 검찰총장의 징계를 재가하였다는 보도와 함께 추미애 장관이 사의를 표명했다고 전한다. 대통령은 이를 숙고하겠다고 하여 온 국민을 불안하게 하고, 국민의 정서를 두 동강 내는 두 사람의 긴 싸움은 끝이 나는 걸까? 오늘 쟁점 뉴스가 된 그 사안은 미리 써 놓은 시나리오는 아니었겠지? 시나리오를 썼다면 어떤 곳에서 썼을까? 자꾸만 머리가 갸우뚱거려짐은 웬일인지 모르겠다.

2020. 12. 16.

6

파인더로 보는 세상

수만 번의 속삭임

거센 바람이 숨을 죽인다.

영원일 것 같았던 약속을 섣달 보름의 바람은 야속하게 어기고 말았다. 거칠기로 정평이 나 있는 수월봉 끝자락, 해변의 바람을 속절없이 잠재워 버린 것은 섣달 보름의 파도이다. 수월봉과 차귀도 사이의 거친 바람골을 타고 돌던 바람은 내가 카메라를 들자 약속이나 한 듯이 잦아들고 말았다.

예측할 수 없는 바람의 변덕은 먼바다에서 밀려오던 파도가 해변에 닿을 즈음, 그 기세를 높인다. 넘실거리며 다가오던 파도가 하얀 포말을 일으키며 바위에 부딪힐 때쯤 일어나는 바위와의 교감은 수만 번, 수억 번 영원일 듯이 반복된다.

여느 때는 열정의 포옹으로, 여느 때는 작은 속삭임으로.

웅장한 한라산에서 날아와 박힌 날카로운 화산 돌은 거친 파도에 온몸을 내어주고, 작은 파도의 하얀 포말을 온몸으로 감싸

안는다. 해변의 바윗돌은 수만 번의 포옹과 수만 번의 밀어냄, 속삭임으로 그 모양이 아름다운 여신의 몸처럼 매끄러워진다.

어느 여름날 쏟아지는 빗줄기를 흠뻑 맞으며 거친 피부를 닦아낸다. 차가운 겨울날엔 거친 눈보라에 살갗을 내어준다. 온몸을 다듬어 온 바윗돌은 오늘도 수만 번의 열띤 포옹과 수만 번의 거센 저항, 수만 번의 작은 속삭임으로 제 몸을 지켜내려 안간힘을 쓴다. 거대한 바위가 조약돌이 될 때까지, 조약돌이 작은 모래 알갱이가 될 때까지. 수만 번의 파도와 바람의 작은 속삭임이 계속되는 한, 우리의 가슴도 그 속삭임에 작은 떨림을 떨쳐버릴 수 없으리라.

웃드로[1] 소녀였던 내가 자주 찾던 검은 모래 해변인 삼양해수욕장, 거센 파도가 쉴새 없이 날아들던 날이다. 먼바다 끝 수평선에서부터 시작된 파도가 산처럼 높은 파도를 싣고 들어오면 140센티도 안 되는 단신을 날려 파도 속으로 스며든다. 파도에 휘감긴 몸이 공중을 날아 부서지는 파도와 함께 검은 모래사장으로 내동댕이쳐진다. 그때 느끼는 쾌감을 위해 연신 파도타기를 즐기던 날, 즐거움과 두려움이 온몸을 전율케 하던 날의 기억이 되살아난다.

기억 속의 거친 파도가 말을 걸어온다. 그 위험한 놀이가 그립지 않으냐고. 바람이 세차게 몰아치는 어느 저녁 답, 나는 다시 이곳에서 수만 번의 속삭임과 수만 번의 거친 포옹을 카메라

---

1) 산촌의 제주도 사투리.

에 담게 될 거다. 영겁의 세월 동안 수만 번의 속삭임으로 다듬어진 아름다움, 조화로움이 나를 사로잡기 때문이다.

어느 시간엔가 다가올 내 삶의 조화로움을 위하여 오늘도 카메라 파인더를 들여다본다.

2020. 1. 23.

천변 우정

황금 견공의 해라는 무술년의 새해가 밝았다. 올해는 나도 황금 개띠를 가진 새로운 생명을 기다리고 있다. 오늘은 그 아이들이 포항의 지진 이재민이 된 지 두 달 만에 대구로 이사 가는 날이다. 임신한 며느리가 힘들 것 같아 집 구하는 일 등 아들의 일을 거들어 준 덕인지 이사는 저희끼리 한다기에 그러라고 하고 말았다. 자꾸 내가 나서면 아이들이 그런 과정에서 배워야 할 것을 놓치는 것 같아서다. 조금 걱정이 되긴 하였지만 애써 참았다. 잘 되어가고 있으니 걱정하지 말라는 전화를 받고서야 조금은 안심이 된다. 그렇게 사람들과 섞여서 겪으며 살아가야 할 인생이니 직접 해 보는 것도 좋을 것 같다는 생각에서 애써 무심한 척해본다.

그럭저럭 벌써 황금 개의 해에 일곱째 날을 맞이한 첫 일요일이다. 올해는 지난해 말부터 시작된 감기로 컨디션이 말이 아니

다. 올해 사연사의 첫 출사에 가야 할지 고민이 되었다. 몇 년 만에 나서는 그들과의 출사이니 꼭 가야만 할 것 같은 마음이 그득하다. 조금 나아지기 시작했으니 나서도 되겠다 싶어 용기를 내었다.

특히 이번 촬영은 남다른 느낌이 들게 하는 이유가 있다. 밀레니엄이 시작된 2,000년 사진이라는 매체를 통해 만난 지인들이 모임인 '사연사(사진을 연모하는 사람들)'의 멤버들이 2013년 '사연사, 사진으로 말하다'라는 타이틀로 그룹사진전을 한 후 소원해지기 시작했다. 거의 마지막 코너에 몰려 회장이라는 직책을 맡고 그룹사진전까지 거창하게 마무리했지만, 거기까지가 내 리더십의 한계였는지 한 사람 두 사람 빠지기 시작하며 모임은 지지부진해져 갔다.

작년 연말 모임에서 회장은 마지막 남은 회장 순번인 지포(닉네임)에게로 돌아갔다. 그는 후일 엉겁결에 회장이 파도처럼 자기를 덮쳤다며 껄껄 웃고 말았다. 나는 거의 5년 만에 겨우 회장 자리에서 벗어나 적임자인 후임자에게 넘긴 것을 안도하며 큰 기대를 걸었다.

사람이 만남과 헤어짐이 어느 때는 순간과 찰나에 이루어지곤 한다. 관계 맺기란 것이 누구의 잘잘못을 따지려 든다면 참으로 어려운 게 되지만, 서로의 상대방을 배려하고 이해하려 든다면 10년, 20년 못 갈 바가 아니다. 하지만 그게 그리 쉬운 건 아닌 것 같다. 친구 간에도 무시로 헤어지고 만남이 이어지는 것을 보며 문득문득 나는 과연 상대방에게 어떤 자세로 살아가고 있는지 궁금해진다.

공자의 『논어』 향단 편에 나오는 이야기이다. 공자의 일상생활 기록이라 한다. 벗이 죽었는데 유해를 맡아 갈 친척이 없는 경우에는 공자께서 “내 집을 빈소로 쓰라.” 하고 관을 갖다 놓게 하셨다고 한다.[1] 공자의 벗에 관한 생각인 것 같다.

물론 공자는 성인이니 나와는 다른 월등한 성품을 지닌 분이시다. 이런 글을 보며 나는, 우리는 이 이야기를 이해하고 공감할 수 있나 곰곰이 생각해 보게 된다.

우리 사연사 멤버 11명은 각기 다른 개성의 사람들이 사진이라는 매체 하나로 하나 되어 이어져 오다가 이유 없이, 아니 어쩌면 내 리더십의 부재와 마음가짐의 부족으로 낳은 결과물이었던 것 같다. 내 집을 빈소로 쓰라고 할 만큼의 마음가짐이 내게 없었던 것이 아닌가 싶다.

11월 에티오피아 여행을 마치고 온 지 이틀만의 일이다. 멤버 중에 가장 먼저 탈퇴 의사를 밝혔으나, 아무도 인정할 수 없다며 웃음 반, 억지 반으로 넘겨버리자 매번 모임과 출사에 불참하던 K 씨가 부친상을 당했다는 연락이 왔다. 조금 미안했던지 그와 동조했던 다른 멤버의 조심스러운 연락에 누구랄 것도 없이 상갓집으로 문상하러 갔다. 기왕이면 같은 시간에 가서 얼굴이나 보자며 나선 길이다. 그곳에서 호상이라며 반 너스레로 우리를

1) www.naver.com 참조.

맞는 K를 보며 몇 년 동안 묵혀왔던 감정의 찌꺼기를 다 털어버렸다. 마치 매일 만났던 듯이 지난 얘기에 안부를 물으며 K의 여전한 입담에 파안대소하며 반가움을 한아름씩 안고 왔다. 돌아서는 우리를 향한 K의 일갈이다. 한턱 크게 낼 테니 모두 송년 모임이나 하잔다. 그렇게 시작되었다. 누구도 나무라지도 원망하지도 공을 내세우지도 탓하지도 않고, 우리는 아주 익숙하게 만나 즐겁게 지내고 다시 사연사의 사진 이야기가 시작되었다. 공자의 벗에 관한 얘기만큼은 아니어도 우리의 이런 어정쩡한 관계 상황을 어여삐 여긴 K의 부친께서 주고 가시는 큰 선물인지도 모르겠다. 벗의 부친께서 주시는 선물이니 큰절하며 받아야 마땅하리라.

회장을 맡은 지포의 강력한 리더십이 시동을 걸며 올해의 첫 출사가 오늘 여기 이곳으로 왔다. 파주의 봉일천교, 물안개가 뽀얗게 피어오르는 공릉천 천변에서 북한산 인수봉 바위 위로 솟아오르는 태양을 맞이한다. 눈만 뜨면 동녘에서 떠오르는 태양을 매일 맞이하는 우리 집이지만 카메라를 들고 나선 곳에서의 일출은 남다른 감회를 느끼게 한다. 그리고 다시 2월의 첫째 토요일, 우리는 다시 카메라를 들고 떠나게 될 것이다. 그러자는 지포의 말에 아무도 싫다는 사람이 없이 박수갈채가 쏟아져 나온다. 아마도 우리는 4~5년 동안 누구도 말하지 않았지만 사연사의 만남에 대한 그리움(?)이나 아쉬움(?)을 가슴 가득 담고 있었는지도 모른다. 그러니 그저 몇 년 만에 조그만 계기가 만들어지자 그간의 서운함, 아쉬움 같은 것 모두 잊어버리고 오늘의 만남이 마냥 즐거워지는 것이리라. 이것이 십년지기, 이십 년 지기의 우정의 결과물일 것이다. 강산이 두어 번을 변했을 시간을 사진을 논하며, 인생을 논하며 살아온 우리에게 주어진 참다운 우정의 시간을 다시 만들어 보라는 계시가 아닐는지.

새로 맞이한 황금 개의 해에는 우리 아이들도 새로 태어날 황금 개띠를 가진 그 아이와 함께 새로 이사 간 곳의 동네 사람들과 서로 웃으며, 이해하고 배려하며 즐겁고 행복한 삶을 살아가기를 기대해 본다.

공릉천 변에서 모락모락 피어오르는 물안개와 더불어 북한산의 커다란 바위 위로 솟아오르는 태양을 카메라에 담는다. 올 한해 우리는 다시 천변의 안개처럼 어울렁더울렁 어울려서 아름답고 질박한 우정의 길을 떠나게 될 것이다.

2018. 1. 7.

돌아온 삼각대

삼각대가 없으니 컨셉을 잡은 내 사진은 길을 잃어 벼렸다. 갑자기 무력감이 엄습해 왔다. 갖은 생각이 꼬리를 문다. 어떤 사람이기에 아직도 연락이 없을까? 갯나물 꽃밭에 들어온 사람들이 주워 가 버린 것은 아닐까? 그렇다면 찾기는 다 글러 버린 셈이다. 인근 파출소에 신고도 했다. 이러저러한 고가의 삼각대라는 내 말에 경찰은 시큰둥한 반응이다. 달려가서 무어라 막 퍼붓고 싶은 심경이 된다.

그래봤자 내 마음만 다칠 뿐이라는 생각에 잠겨 갈 무렵이다. 낯선 남자의 음성이 전화기를 타고 들려왔다. 저녁이 다 되어가는 시간이다. 현장에 있었다는 한 남자의 목소리는 걸쭉하고 안정감이 있어 보였다. 우리가 가고 난 뒤에 자신의 차 앞에 비싸게 생긴 삼각대가 놓여 있어서 주워서 보관하고 있다고 했다.

내 음성이 갑자기 몇 옥타브는 올라갔다. 전화 주셔서 정말 감사하다는 말과 함께 어디로 가냐는 내 물음이 달음박질친다. 전화기의 남자가 말한다. 내일, 모레가 주말이니 어디 가야 한다며 월요일 날 연락하자는 말이다. 맥이 탁 풀리고 목소리가 금방 가라앉아버린다. '네 그러세요?'라며 기다리겠다는 말과 함께 이름을 물으니 전화번호를 알고 있으니 되지 않았느냐는 투이다. 기다리겠다며 전화를 끊었다. 어쩌겠다는 것인지, 의심이 가기 시작했다. 적당히 사례금을 주겠다고 할 걸 그랬나 싶기도 하고, 이 사람이 협상하자는 것인가 하는 생각도 들었다. 거기에 언니는 사례금을 넉넉히 주어야 한다며 핀잔이다. 사례금을 안 주겠다는 생각을 한 건 아니다. 다만 전화가 오기 전에는 10만 원을 줄까? 20만 원을 줄까? 하던 생각이 잠깐 오만 원도 되지 않겠냐고 하자 언니가 깍쟁이 짓이라며 나무라고 있다. 일단은 월요일까지 기다릴 수밖에 없게 되었다.

엎어진 김에 쉬어간다고 산행하고 싶었다. 이 오름 저 오름 물색하다 지난 1월에 오르다만 다랑쉬 오름을 오르기로 했다. 같이 가 준다는 오빠의 말은 사양했다.

오늘은 혼자 있고 싶었다. 삼각대 때문은 아니다. 카메라 하나만 챙기고 산행하며 나만의 감각에 몸을 맡기고 싶었기 때문이다. 겨우 380여 미터의 다랑쉬 오름은 오르막이 심한 편이다. 밧줄을 깔아 연결된 계단을 오르고, 폐타이어가 깔린 오르막을 올라 정상에 이르자 성산항과 인근 지역이 한눈에 들어온다. 4·3 항쟁 때는 수많은 사람의 생사가 오간 곳이기도 하다. 분화구 바

닥에는 누가 만들었는지 돌담으로 하트 모양을 만들어 놓았다. 산 이름이 로맨틱하니 그도 어울린다. 산머리를 한 바퀴 돌며 제주의 4월을 즐긴다. 산길을 오르자 홀로 선 소나무가 나를 반긴다. 오름을 돌며 나만이 느끼는 소소한 즐거움을 느끼는 동안 삼각대도, 서울의 일상도 머릿속에서는 떠나 있었다.

집으로 돌아오는 길, 길가에 지천으로 핀 야생의 유채꽃과 갯나물꽃이 나를 반긴다. 반가운 마음을 가득 담아 카메라에 담았다.

월요일 아침 8시쯤 전화를 걸었다. 너무 일찍 하는 게 실례가 될 것 같은 생각에서 6시부터 기다리고 기다리다 한 전화이다. 그는 벌써 바다로 나갔다. 비양도라고 한다. 열두 시에서 한 시쯤 그가 사는 곳인 애월 장전으로 올 예정이니 그때쯤 보자는 전언이다. 아침에 전화를 좀 해 주었다면 새벽에 한림항으로 찾으러 갈 수도 있었을 텐데라는 아쉬운 마음이 생겼지만 어쩔 수 없는 일이다. 시쳇말로 칼자루를 쥔 쪽의 말이 법이니 어쩔 수 없음이다. 오빠를 독촉해서 신제주 집에도 가 보고, 해안의 오빠네 밭에도 가 보자며 일찍 나섰다. 열한 시 반쯤 문자를 보냈다. '지금 장전으로 가는 길입니다. 먼저 가서 기다릴 테니 연락해 주세요' 12시쯤 전화가 왔다. 한림항에 도착해서 인근 식당에서 점심을 먹을 예정이니 그리로 오라는 얘기이다. 일찍 나오길 잘했다며 식당으로 갔다.

도착한 곳엔 그날 내 자동차 옆에 세워져 있던 갤로퍼 자동차가 있었다. 전화를 받은 그는 식사하다 말고 나왔는지 급히 나온

듯 보였다. 37~38세, 아니면 40쯤 되어 보이는 건장한 체격의 남자는 자동차에서 삼각대를 꺼내며 "이것 맞죠?" 한다. "네, 맞아요." 하며 덥석 잡았다. 고개를 크게 숙이고 정말 감사하다면 인사를 했다. 얼른 지갑에서 돈을 꺼내 소주나 한잔하시라며 드렸으나 손사래를 치며 받지 않았다.

그는 수중사진을 찍는 사람이라며 삼각대가 비싸 보여서, 꼭 연락이 올 것 같아 가지고 있었다는 얘기를 덧붙인다. 그는 이미 삼각대의 값을 알고 있는 눈치였다. 그런데도 사례금은커녕 일찍 돌려주지 못해 미안하다는 말까지 하니 그동안 갖은 생각을 했던 내가 더 부끄러워졌다. 오빠는 감사의 말을 전하고 돌아오며 젊은이가 멋진 친구라며 칭찬을 멈추지 않는다.

조금 있으려니 전화기가 딩동 울렸다. '사례로 좋은 사진 한 컷 보내주세요.' 그가 보낸 문자이다. '네, 잘 찍어서 보내드리겠습니다. 다음에 올 때 기회 주시면 제가 밥 사겠습니다. 삼각대를 잃어버린 덕분에 귀한 분 만나 뵙게 된 4월의 좋은 봄이었습니다. 사업 번창하시고 건강하세요, 양호인 드림.' 이렇게 답신을 보냈다. 그가 '네, 밥 사세요. 찾아드릴 수 있어서 제가 기분이 더 좋습니다.'

캐나다에서 찍은 오로라 사진 한 컷을 그에게 보냈다. '와 멋지네요, 감사합니다. 언제 내려오시면 시원한 아이스커피도 한잔 사 주세요. 눈이 호강하네요.' 한다.

'참 인사가 늦었네요. 전 임 oo이라고 합니다.' 그는 그가 수

중에서 찍은 자신의 사진과 더불어 육상사진을 알아야 수중촬영을 잘 할 수 있을 것 같다는 문자도 함께 보내왔다.

잃어버린 삼각대는 소중한 인연이 될 듯한 멋진 이와 함께 내 품으로 돌아왔다. 해안동의 밭에서 캐 온 근대나물을 넣고 한소끔 끓여낸 된장국 맛이 오늘따라 정말 일품이다.

2019. 4. 22.

원대리 습격 사건 2

바쁜 일정에 시간 가는 줄도 모르게 세월은 지나가 버리고 어느새 5월이 오고 말았다. 무심코 들여다본 달력이 빨간색 일색이다. 근로자의 날을 시작으로, 토요일, 일요일, 어린이날, 대체 공휴일까지 모두 6일이 줄을 서서 유혹한다. 어디로 튈까 고민해보지만 포항에 사는 아이들이 올라올 테니 혼자서 그 연휴 전부 날름 집어 먹기는 애저녁에 그른 일이란 생각이 미치자 약간의 짜증이 났다. 어쩔 수 없음이다. 내 탁월한 현실지각 능력이 금방 짜증 난 마음을 눌러버린다. 아들에게 연락한 후 연휴의 해후 일정을 적당히 마무리 지었다.

자작나무 숲으로 자동차를 가지고 가려면 어쩔 수 없이 펜션에서 1박을 하는 수밖에 없으니 숙박을 예약했다. 예약 당시만 해도 자작나무 숲은 입산 금지 상태였으나 펜션 주인은 아무 걱정하지 말라는 얘기다. 사진이야 아침, 저녁만 찍으면 되는데 산

림 감시원인 공무원은 9시에 출근해서 4시 30분이면 퇴근해 버리는데 무슨 걱정이냐는 투이다. 그건 확실한 정답이다. 그 시간 동안의 습격이면 사진 찍기에 충분한 시간이다.

예전부터 사진인 들이 워낙 많이 찾는 곳이다 보니 펜션 주인까지 사진 찍는 사람들이 생리를 다 꿰고 있다. 갑자기 따뜻해져 버린 오월의 햇살을 받으며 가파른 비포장 길을 올랐다. 길 양옆으로 연녹색의 나뭇잎이 바람에 살랑대는 소리를 들어야 하니 자동차 문도 활짝 열어놓았다. 바로 전날 거금(?) 삼만 원이나 들여 손 세차했다며 투덜거려 보지만 내 마음도 이미 바깥 공기와 풍경에 빼앗기다 보니 그까짓 흙먼지쯤 좀 마시면 어떤가 싶어진다. 이런 먼지는 목에 간지럼도 일으키지 않으니 참으로 신기하기도 하다.

자작나무 숲의 입구, 정자 앞에 도착해서 차를 세우고 가볍게 땅에 발을 내리니 발밑에서 느끼는 감촉이 설명이 불가하다. 풀썩이는 흙먼지 냄새조차 향기롭다. 늘씬하게 뻗어 올린 자작나무의 하얀 허리가 나무의 목덜미를 타고 오르면 이제 막 돋아난 연초록 잎이 수줍은 모습으로 얼굴을 내민다. 아! 하고 저절로 탄성이 나올 수밖에. 정자에 앉아서 한숨 돌리고 사진을 찍을 예정이다. 아직 4시 30분이 되려면 시간 반 이상은 남아 있으나 아무도 보이지 않는다며 키득대고 있던 참이다.

그 산촌에 하얀색 티구안을 몰고 빨간 티셔츠 차림에 온 얼굴에 웃음을 가득 채워 넣은 아저씨 한 분이 어디 오셨냐며 슬며시 다가왔다. I 펜션에 왔노라 했더니, 다 안다는 투의 의미 있는 웃음을 웃어 보인다. 어이구! 멋진 분, 직업까지 멋지다고 칭찬해 드리니 덥석 달려들어 말, 말, 말이 이어진다. 종일토록 산중을 돌아다니며 나무들하고만 하던 얘기를 사람하고 하게 되었으니 온갖 말이 다 터져 나온다. 조금 있으려니 벌떡 일어나서 지나가는 자동차를 향해 거수경례하신 아저씨는 묻지도 않았는데 이곳의 군수라고 설명한다. 에이 참. 겨우 꼬드겨가고 있는데 다 글렀다 싶었다. 군수가 지나갔으니 아저씨의 승낙을 얻어 봐야 군수한테 걸리면 아저씨만 혼나겠다 싶었기 때문이다.

슬며시 물었다. 내려가서 몇 컷 찍어도 되지요? 그러라고 한다. 군수가 내려와도 잘 안 보일 거라며 망까지 봐준단다. 웬 떡이냐 싶어 얼른 내려갔다. 몇 컷 찍는데 마음이 편치 않다. 군수가 내려오기라도 하면 괜스레 나이 드신 아저씨가 젊은 군수한테 야단맞기에 십상이다 싶어서이다. 카메라를 접었다. 준비해 간 도시락을 꺼냈다. 아직 점심도 걸렀으니 배가 고팠다. 정자에는 친절하게도 탁자에 의자까지 마련되어 있으니 이보다 더 좋은 식탁이 어디 있겠는가? 도시락은 그 분위기에 딱 어울리는 맛으로 마음마저 가득 채워 주었다.

다음 날 새벽 동이 채 트기 전이다. 누구도 마시지 않은 새벽 공기를 흠뻑 마시며 숲으로 갔다. 9시가 되어서야 숲 지킴이 아저씨들이 올라올 터이니 그때까지는 그냥 우리 세상인 셈이다. 상큼한 공기를 머금고 동녘 하늘이 서서히 빛으로 물들어 온다.

하얗게 뻗어 올린 자작나무 등허리에 아침 빛이 감겨 오른다. 내 카메라 셔터가 철거덕거린다. 삼각대를 장착하고 다시 카메라 파인더 속으로 빠져들어 간다. 사진도 품 나게 찍었다. 자작나무의 하얀 등허리와 한껏 물오르기 시작한 연초록 잎이 제 색깔에 감탄하며 유혹한다. 조금 있으려니 또 다른 습격자 세 명이 나타났다. 그네들도 숲이 개방되어도 한정된 공간에만 들어갈 수 있다며 열심이다. 이곳저곳에서 카메라 셔터 소리만 들린다. 간간이 불어오는 바람 소리에 카메라 셔터 소리가 섞여 음악이 되기도 한다.

숨이 턱에 닿을 무렵 자작나무 숲을 뒤로하고 곱게 핀 진달래가 함박웃음을 웃는다. 기온이 낮은 곳이니 그곳엔 아직도 진달래가 버티고 있는 모양이다. 우선 핸드폰으로 한 컷 담았다.

아홉 시가 다되니 어제의 그 아저씨가 하얀색 티구안을 타고 왔다. 웃는 낯으로 맞이했다. 저희 방금 왔어요, 라고 해 본다. 물론 믿지 않겠지만. 아저씨는 의미 있는 웃음을 웃으시며 좋은 작품 만들라는 덕담까지 덧붙이신다.

펜션 주인이 차려준 아침 식탁은 산에서 갓 뜯어온 나물 쌈에 북어 해장국, 갖은 나물 반찬이다. 술도 하지 않았는데 속이 확 풀린다. 서울의 어느 한정식 식당에서도 흉내낼 수 없을 정도로 손색없는 맛이다. 가기 전 설사병을 일주일 이상 앓았다는 친구는 걱정하며 먹은 찬이 오히려 병을 낫게 한 것 같다며 좋아한다. 누구의 손도 닿지 않은 그곳의 쑥도 한 봉지씩 캐서 담고 나선 서울행 자동차는 다시 흙먼지 나는 비포장 길을 달린다. 갑자기 찾아든 오월의 뙤약볕을 맞으며 걸어 올라오는 관광객들이 의아한 눈빛이 폭탄처럼 쏘아댄다.

허가받은 원대리 자작나무 숲의 습격 사건은 그렇게 끝이 났다. 머지않아 펜션 앞으로 길이 난다니, 자작나무 숲을 습격할 날도 얼마 남지 않은 것 같아 아쉽다.

몇 년 전의 습격 때가 오늘 보다 훨씬 스릴 있었던 기억이 새롭다.

2019. 5. 4.

산포리 서정

"자 떠나자 동해 바다로 신화처럼 숨을 쉬는 고래 잡으러"

송창식 님의 노래 「고래사냥」 한 대목이다.

봄처럼 따사로운 햇볕이 쏟아지는 2월, 우리는 동해로 고래가 아닌 파도를 잡으러 떠났다. 경북 울진군 근남면 산포리 77-3번지 허름한(?) 방앗간이다. 요즘은 사진만 찍어도 구글 덕분인지 그곳의 주소까지 확인할 수 있는 참 좋은 세상이 되었다.

아주 오래된 방앗간이 있는 곳, 산포리는 7번 국도를 따라 내려가다 만난 마을이다. 50여 호쯤 되어 보이는 작은 마을, 골목골목이 아기자기하고 따스한 봄볕이 종일토록 마을을 감싼다. 2월 중순인데도 벌써 매화나무엔 꽃이 피었다. 매화꽃이 피어오른 나무 밑에는 강아지가 집 밖으로 나와 햇볕을 쐬며 졸고 있다. 느닷없는 방문객(침입자?)에게도 졸음을 주체할 수 없었는지 놀란 기색도 없이 졸고 있는 모습이 한가롭다. 서울 사람이 다 되어버

린 내 눈에 들어온 방앗간 건물은 독특하고 아름다웠다. 쓸데없는 경제학 심리가 발동하였는지 카페 하면 정말 좋겠다는 지인의 말에 선뜻 동의하고 말았다. 어디 그뿐인가? 내 특유의 기지를 발휘하여 가상 설계까지 해 가며 산포리 방앗간 카페는 우리 일행의 입으로 완성되어 갔다. 돈만 마련하면 된다며 돌아서는 우리는 그저 헛웃음만 웃는다.

주홍색 지붕을 이고 휘둘린 담장은 산포리 방앗간을 향해 자연스레 발길을 돌리게 한다. 산포리의 역사와 함께하였을 방앗간 주인은 이제 더 방앗간을 운영할 수 없을 만큼 연로하셔서 방앗간처럼 되셨다고 한다. 방앗간도, 사람도, 세월을 비켜 갈 수 없었는지 낡고 초라한 모습인 채 우두커니 서 있는 모습이 애처롭다.

200걸음쯤(?) 걸어 나오면 만날 수 있는 산포리 바닷가엔 작은 돌멩이가 석양빛을 담뿍 안고 우릴 맞는다.

느림, 사진도 느리게, 사는 것도 느리게, 바쁘다 바빠를 외치며 살아온 인생의 전환점에 내가 정한 올해 화두이다. 카메라를 느리게 세팅하고 심호흡을 한 후 천천히, 느리게 셔터를 누른다.

산포리 마을을 향해 불어오는 이른 봄, 바닷바람이 해변의 조약돌을 간질인다. 바람을 타고 오른 파도의 포말이 하얗게 부서지기를 반복하며 그곳만이 만들어 낼 수 있는 아름다운 바다 풍경을 만든다.

때 이른 봄바람이 아미를 간질인다. 자기도 모르게 불쑥 피어

버리고 만 매화의 수줍은 꽃잎이 바람에 말을 건다. 아직은 산포리 마을 따스한 마당에 더 있어야 할 것 같다고.

셔터를 누르는 손끝을 타고 내 고향 집 앞에 있던 방앗간의 콩콩거리는 기계음이 피아노 건반 소리처럼 청아한 소리가 되어 아련하게 귓전으로 올라온다.

2020. 2. 15.

사랑의 색

동해의 파란 하늘, 넘실거리는 파도, 작은 조약돌을 카메라에 담는다. 파도가 지나간 자리에 촉촉이 젖은 작은 조약돌의 반짝거림이 아름답고 오묘한 색으로 유혹한다.

장노출[1] 촬영에 돌입한다. 조약돌과 부딪혀 하얀 포말의 파도가 들고 남이 여러 차례 반복되다 보면 그들만이 만들어 내는 오묘한 색의 아름다운 사진이 된다.

풋풋했던 20대, 내가 사랑했던 그와의 사랑의 색은 무슨 색이었을까? 빨강, 파랑, 노랑, 아니면 초록이었을까? 사랑이 불타오르던 날은 빨강(?), 티격태격하던 날의 사랑은 노랑(?), 수삼 년이 다 되어 가던 날의 사랑은 신록의 무르익은 계절의 색을 담은 초록색이었을까?

---

1) 사진기에서, 렌즈로 들어오는 빛을 셔터가 열려 있는 시간만큼 필름이나 건판에 비추는 것이며, 시간이 길고 짧음에 따라 피사체의 색감과 형상이 오묘한 형상과 색을 만들어 낸다.

무언가에, 어딘가에 빠지면 변할 줄도, 헤어 나올 줄도 모르는 나는 그만을 좋아했다. 다니던 옷 가게도, 음식점도, 커피점도, 그 어디도 한 번 마음에 담으면 내어놓을 줄 모르는 나는 사랑도 그리될 줄 알았다. 어느 여름날 그가 말했다, 다른 사람이 생겼다고. 어떤 말로도 반응할 수 없었던 건, 그 사랑이 영원할 줄 알았기 때문이다.

자존심에 생채기가 생겨 버린 날, 그가 돌아서는 모습을 바라보면서도 자존심을 챙겨야 했던 나는 어리석은 여자였는지도 모르겠다. 그날의 내 사랑의 색은 아마도 흙빛이었겠지?

비 오는 여름날, 버스 안에서 바라본 차창 밖, 동묘 정원에 높이 솟은 미루나무 잎새에 맺힌 빗방울은 찬란한 슬픔을 머금은 물빛이었다. 눈물이 쉴 새 없이 흘러내렸다. 사람들이 쳐다보는 것도 아랑곳할 수 없었음은 그 사랑의 색이 무채색의 물빛이 되어버림이 아쉬워서였다. 여름이 가고 가을이 시작될 즈음, 그는 낙엽이 지는 창경궁 돌담 너머 나뭇잎들이 단풍으로 물들어갈 때쯤 내 곁을 떠났고, 나는 말없이 그를 보내고 말았다.

그가 떠난 날, 내 안의 세포는 활동을 멈추었다. 내 눈빛과 감성은 방향감각을 잃었다. 오색 단풍이 곱게 물들어가던 그해 가을, 내 사랑의 빛은 색이 바래기 시작했다. 아픈 사랑의 색은 겨울이 오고 있음에 잔뜩 풀이 죽어 색이 바래 버린 누리끼리한 단풍잎 색깔이었을 거다.

오늘 다시 창경궁 돌담 너머, 겨우내 눈을 맞으며 매달려 있는 나뭇잎을 장노출로 카메라에 담는다면 어떤 색이 될까? 그 색은 이제 농익은 인생의 맛을 담을 수 있지 않을까? 파스텔 색조의 우아한 참사랑의 색이 될지도 모를 일이다.

내 삶의 순간, 순간, 사랑하는 모든 것들을 위하여 나만의 색을 찾아 나선다.

2020. 2. 16.

비 오는 거리

봄비가 내린다. 며칠 전까지도 끄떡없던 하늘엔 먹구름이 짙게 드리워져 모처럼 강화도 들길 산책에 나선 우리쯤은 아랑곳하지 않은 채 메마른 대지를 촉촉이 적신다.

코로나19 여파로 사회적 거리 두기가 시작된 지 3개월이 지났다. 세 친구의 만남도 벌써 3개월이 지난 셈이다. 세 친구뿐만이 아니고 모든 모임은 물론이고 학생들의 개학마저 미루어지는 추세이다. 그런 마당에 그저 집에서 뒹굴뒹굴해도 억울한 것 없는 나이가 된 우리가 불만을 내뱉기도 미안하다. 현실이야 어찌 되었든 그저 잠자코 있자니 이곳저곳이 좀이 쑤시고 괜한 짜증이 스멀거리던 참이다.

'이제 우리 좀 만나도 되지 않을까?'라는 조심스러운 카톡의 글에 기다렸다는 듯이 답장이 달린다. '그러자, 당장 만나자.' 누구랄 것도 없이 같은 마음이 되어버렸다. 집콕 신세에서 벗어나

고 싶은 강한 열망이 담긴 말이다. 우선 자기합리화부터 시작한다. 마스크를 꼭 쓸 것이고 자가용으로 이동하고 우리만 쓰는 별도의 집에서 머무를 예정이니 아무런 문제가 없을 것이란 그럴듯한 정의까지 내린다.

오후 3시 방화중학교 정류장에서 만났다. 예전 같으면 손도 잡고, 안아보기도 하며 만났을 우리다. 3개월 동안 연일 반복되는 매스컴에 의해 충분한 세뇌가 이루진 탓인지 누구도 스킨십이란 걸 하지 않았다. 당연히 그래왔던 것처럼. 5일간의 연휴 기간의 끝난 주간이어서인지 코로나 때문인지 알 수 없지만, 강화도행 도로는 뻥 뚫려 있다. 라디오 볼륨도 높이고 콧노래도 흥얼거리며 액셀러레이터를 누른 발끝에 저절로 힘이 실린다.

비가 온다는 예보쯤은 귀에 들어오지도 않았던 날이다. 설사 비가 온다 한들 무슨 상관이랴. 자동차도 있고 우산도 있는데. 아마 준비가 안 되었다 하더라도 그깟 빗줄기쯤에 절대 주눅 들지 않았을 것이다. 오랜만에 몸보신도 해야 한다며 해신탕 집으로 갔다. 토종닭에 전복, 낙지 등 갖은 해산물에 한약재를 넣고 5시간을 끓인 뒤 랍스타까지 얹은 커다란 도자기 냄비가 상에 올라왔다. 셋은 수삼 일은 굶은 사람들처럼 먹기 바쁘다. 삼시 세끼 밥 차려 내느라 정신이 없었을 아녀자들이 남이 차려준 밥상 앞에 정신을 놓아 버렸다. 이른 저녁밥에 부른 배와 넉넉해진 마음은 덤이다.

슬며시 내리기 시작한 빗줄기가 조금씩 차창 밖 가로등 불빛

에 둥그런 화음을 넣기 시작한다. 누가 묻지도 않았는데 '아! 좋다'를 연발한다. 구름 속에 숨어버린 해넘이를 상상하며 망월리 그 집, 우리들의 쉼터 마당에 도착했다.

널따란 소파에 몸을 누인다. 부지런한 집주인이 찻물을 준비하자, M이 집에서 공수해 온 고급 보이차를 넣고 알맞게 우려낸다. 차를 한 모금 마시자 3개월 동안의 답답함이 쑥 내려가는 느낌이다. 이런저런 이야기꽃이 모락모락 피어오른다. 시간 가는 줄 모르는 사이 어느새 이슥해진 밤, 꿈나라 열차에 몸을 실었다.

오늘따라 일기예보는 정확했다. 사실 기상청의 예보보다 더 정확한 우리들의 몸 예보가 있었으니 의심 따윈 하지도 않았지만.

이른 아침 눈을 뜨니 강화도 들판의 전봇대 머리 위로 비구름이 무리 지어 줄을 서 있다. 구름은 차례차례 제 몫을 하느라 분주하다. 자동차에 대기하고 있던 커다란 우산을 하나씩 꺼내 들고 들길로 나섰다. 늦잠 자기에 실패한 늙수그레한 이웃집 개가 짖어댄다. 반갑다며 손을 흔들자 반갑다는 뜻인지, 낯설다는 뜻인지 더 크게 짖어댄다.

강화도는 고려 시대 원나라의 침입을 피하여 옮겨 온 왕이 머물던 곳이어서 치수가 잘 되어 있기로 정평이 나 있는 곳이라고 한다. 그래서인지 아무리 가물어도 강화도에 물이 없어 농사를 짓지 못한다는 소리는 들어본 적이 없다는 그곳 농민들의 자랑이다. 당연히 땅이 비옥하니 모든 농산물이 맛있고 풍부한 곳이다.

요즘 같은 농사철엔 농로를 따라 걷다 보면 수로를 따라 거침

없이 내려오는 물소리, 모심을 준비가 한창인 논골에 고인 물로 흠뻑 젖은 흙내음에 마음마저 푸근해진다.

비 오는 거리로 나섰다. 안개 속에 줄을 선 전봇대가 차례로 인사를 한다. 큰 키에 흔들거리는 긴 팔이 출렁이자 빗방울이 무시로 떨어진다. 비어 젖은 풀잎이, 저수지 둔덕에 새로 돋아나기 시작한 연두색 갈대 순이 비에 젖은 팔을 들어 기지개를 켠다.

부지런한 농부의 손길이 닿은 수로에 모래주머니가 얹어지자 무논으로 재빨리 흘러 들어가는 물줄기가 세찬 걸음으로 논이랑을 점령하기 시작한다.

강화 평야의 이곳저곳엔 비 오는 것도 아랑곳하지 않은 농부의 마음이 트랙터에 실려 논, 밭이랑을 휘젓고 다닌다. 그 얼굴을 슬쩍 훔쳐보니 입꼬리가 귀에 걸렸다.

비 오는 거리!

강화도의 망월리 들판, 옷이 젖는 것 따윈 아랑곳하지 않는 우리네 마음에도 봄비에 흠뻑 젖은 봄바람이 시나브로 스며든다. 이 봄이 가기 전에 코로나19도 봄바람에 바람이 나서 어딘가로 훨훨 날아가 버렸으면 좋으련만.

2020. 5. 10.

장인정신과 사랑, 긍정의 세계관

-「나를 보는 나」를 중심으로

오경자
(국제PEN한국본부 부이사장, 평론가, 수필가)

수필은 내가 나를 쓰는 글이다. 화자도 나고 대상도 나다. 그런 중에서 '나를 보는 나'라는 표제는 어찌 보면 너무 평범한 듯 보일 수도 있다. 반면 어차피 내가 나를 쓰는 수필의 제목을 굳이 그렇게 정하고 책의 표제로까지 삼는 것은 아무리 봐도 심상히 보아 넘길 일은 아닌 성싶다.

작가는 '글을 쓴다는 것은 어딘가에 숨어 있는 나를 찾아 떠나는 여행이다.'는 말로 독자를 그 여행길에 동행하기를 권하며 말문을 연다. 그의 책머리 중 첫 말이다. 수필을 쓰는 사진작가, 사진을 찍는 수필가, 그가 양호인이다. 둘 다 그저 여기로 하는 수준이 아니라 전문 사진작가며 중견 수필가이다. 그에게 잡히는 사물, 사건은 일단 피사체로서 그의 렌즈에 붙잡혀 재탄생된다. 사진이 있는 그대로 그냥 찍는 것 같지만 사진작가의 눈에 들어

온 피사체는 그의 사상과 관심에 따라 철저히 재해석되어 새로운 피사체로 살아난다. 이런 연유로 양호인의 수필은 일상을 말하되 그 속에 깊은 관조를 거친 차별화된 주제의식으로 다져져 있다.

자신감 넘치는 세계관

자신의 체험을 바탕으로 해서 쓰는 글이라는 수필의 성격 때문에 많은 수필들이 신변잡기에 머물러 아쉬움을 남기기 쉬운데 양호인의 수필은 확고한 작가 자신의 깊은 관조를 거쳐 분명한 주제를 잘 전달하는 특성을 지니고 있다. 그의 관조를 대표할 수 있는 것이 자신감 넘치는 세계관이라고 본다. 어떠한 처지에서도 당당하게 현실과 마주하는 자세는 자신감이 없이는 불가능하기에 그렇게 분석한다. 그 자신감이 역지사지를 쉽게 실천하게 한다. 자신이 꿀릴 것 없다는 자신감으로 흔쾌히 모든 것을 상대방의 입장이 되어 생각하게 되니 모든 문제는 순리로 풀릴 수밖에 없고 세상은 평화롭다.

역지사지는 수필 쓰기에 있어 없어서는 안 될 기본 덕목이라 할 수 있다. 내가 나의 이야기를 쓰는 글이기에 내 입장에서만 생각하고 쓰다 보면 이기적인 아집에 사로잡히는 우를 범하기 십상이기 때문이다. 자신이 들고 다니는 파일박스가 없어진 것을 알고 며칠 전 기억을 더듬어 두었을 만한 곳을 찾아다닌다. 적당히 환기를 시키는 일을 게을리해서 벽에 곰팡이가 피게 했다며 세입자에게 쓴소리를 하고 수리 비용을 공제하겠다고 한 것을 후회하며 벌을 받나 싶은 생각이 든다. 그 파일박스 안에 50만 원의 현금이 들어 있음을 떠올리며 세입자에게 그 수리비를 부담하라 했던 것을 가슴 아파한다. 무사히 파일박스를 찾은 후 조금 전 세입자에게 탕감해 주겠다고 속으로 다짐했던 수리비 건이 떠오른다. 고개를 갸웃거리는 자신을 보며 기막혀 웃는 모습을 그린 '나를 보는 나'는 역지사지가 수필에서 어떤 역할을 하는가를 여실하게 보여주는 좋은 작품의 예라 하겠다.

> 아뿔싸! 파일박스가 통째로 보이지 않는다. 자동차에 있겠구나 싶어 쏜살같이 주차장으로 갔다. 호기롭게 자동차 뒷좌석의 문을 열었다. 깨끗하다. 깨끗해도 너무 깨끗하다. 아차! 싶었다. 집으로 다시 돌아와 여기저기 찾아봐도 그림자도 보이지 않는다. 소파에 털썩 주저앉았다. 어디에 두고 왔을까? 벌써 이틀이나 지났으니 이를 어쩌나, 머릿속이 텅 빈 상태이다. 수업 시간에 수강생들에게 받은 경비까지 무려 50만 원이나 고스란히 노트 갈피 속에 넣어 둔 상태이다. (중략) 이렇게 반가울 수가, 첫사랑 그 남자가 눈앞에 나타난다고 하더라도 이렇게 반갑진 않았을 것이다. 내 얼굴이 화사해짐을 느낀다. 긴장이 한순간에 확 풀렸다. "어 내 파일박스 여기 있네, 사장님 이거 제 것이에요." 아신단다. 자주 오는 손님이라 그럴 것 같아 잘 보관해 두었단다. (중략) 노트를 펼쳐보니 거금 50만 원이 방긋이 웃는다.

그의 역지사지는 성찰로 이어진다. 성찰을 통한 자신의 내면을 솔직하게 표현한 글은 조용하게 독자의 가슴에 깊은 울림을 준다.

갑자기 금요일 날 집을 비운 세입자 생각이 났다. 조금 전에는 분명 마음 쓰게 하지 말고 조금 손해 보더라도 나머지 돈을 다 보내 주어야겠다고 다짐했던 일이다.

손해 보는 느낌이 다시 스멀거린다. 내가 생각해도 어이가 없다. 하긴 엄밀히 말하면 청소비나 원상복구 비용을 공제하는 게 맞는 일이긴 하다. 이럴까 저럴까 생각이 머리를 떠나지 않는다. 누구 말마따나 어디 들어갈 때 다르고 나올 때 다르다더니 내가 딱 그 모양새다. 조금 손해 보는 게 마음 편한 일이긴 하다. 그래도 약이 오르는 건 어쩔 수 없다. 월요일까지 조금 손해 보는 게 낫다는 이 생각이 변하지 않길 간절히 빈다.

내 간사한 마음의 끝은 어디일까? 한 발짝 비켜 서서 나를 보는 나를 점검해 본다. -「나를 보는 나」 중에서

그의 자신감의 원천은 세상에 대한 무한한 신뢰이다.

새벽길도 가고 밤길도 가고 험한 곳도 간다. 대부분이 사진을 찍기 위한 경우이고 다른 일 때문일 수도 있지만 그런 거침없는 행보를 가능케 하는 것은 세상에 대한 믿음이다. 그래서 그는 겁이 없다.

전력투구하는 장인정신

사진을 찍을 때 그는 대강하는 게 아니라 온몸을 던져서 한다. 특별한 순간을 찍기 위해 시도 때도 가리지 않는다는 표현이 어울리는 그의 행보이다. 그런 장인정신은 수필을 쓰는 일에도 매한가지여서 그의 글은 파고드는 힘이 있다.

「간이 부은 것쯤」이나 「두근두근 숲길」, 「원대리 습격사건」

「사람이 무서워」「무밭의 파수꾼」 등 여러 편의 글들에서 그의 한결같은 일 사랑의 자세는 옷깃을 여미게 한다.

새벽녘, 성산일출봉을 마주한 광치기 해변의 일출을 낚아채기 위한 광폭 행이다. 따뜻한 남녘이라는 제주도이지만 아침 기온은 몹시 차갑다. 더욱이 제주도에서 바람이 세기로 유명한 성산의 광치기 해변이다. 삼각대의 지존이라 불리는 프랑스 짓조(GITZO)삼각대도 여지없이 휘청거린다.

해가 떠오르기 시작한다. 그 보기 힘들다는 오메가이다. 손길이 바빠진다. 새로 산 리모컨이 말을 듣지 않는다. 손에 익지 않아서이다. 지인들의 손놀림이 바삐 움직인다. 이럴 때는 물어볼 수도 없다. 채 몇 분이면 끝나버리는 일출을 담기 위해 모두 눈에서 섬광이 튀어나오는 순간이기 때문이다. 사진을 찍는 사람이라면 이 순간에 말을 시킨다면 굉장한 실례임을 아는 터이니 이 버튼 저 버튼 누르다 보니 오메가는 달걀 노른자가 되고 말았다. 넘실대던 파도가 서서히 물러나고 광치기 해변의 이끼(초록색 해초의 일종)가 낀 기기묘묘한 너럭바위들이 드러났다. 파도가 밀려와 모래에 부서지는 모습, 이끼 낀 초록색 바위에 부딪히는 모습 등 갖가지 피사체를 담느라 시간 가는 줄도 몰랐다.

새벽 5시에 움직이기 시작한 위장이 반란을 일으킨다. 누구도 배고프다고 하지 않는다. 사진 찍기라는 마약에 중독되어 있어서다. 기력이 아주 소진되어 버렸는지 진땀이 나기 시작한다. 오늘도 어김없이 저질 체력인 내가 밥 좀 먹자며 짜증 반, 애원 반인 울림을 놓고 말았다.

-「무밭의 파수꾼」 중에서

정직한 심성과 솔직한 표현

양호인은 정직한 심성을 갖고 있으며 표현이 담백하고 솔직하다. 수필의 문장은 간결하고 군더더기가 없어야 한다, 내용은 솔직해야 한다, 미사여구로 꾸밈이 많은 문장보다 순순히 써 내려가는 문장 속에서 자연스레 독자가 감동을 받는 글이어야 한다, 등이 수필을 어떻게 써야 하는가의 첩경으로 요약되는 내용들이다. 바로 양호인의 수필이 그런 글 들이다.

누구나 고백하기 힘들고 표현해 내기도 어려워하는 첫사랑을 양호인은 아주 담담하게 그려내고 있다. 마치 남의 이야기를 하는 것처럼.

자가용을 갖고 다니면서 일어나는 일들을 이야기하면서 이런 저런 사고 처리 등을 써 내려간다. 그러다가 전혀 상상도 할 수 없는 대목에서 천연덕스럽게 첫사랑이라는 엄청난 사건을 슬쩍 집어넣는 구성은 혀를 차게 만든다. 그 표현 또한 얼마나 솔직한지 모른다.

정비공장으로 직행했다. 내 설명을 들은 정비공장 김 부장님이 내 눈치를 보더니 슬며시 웃는다. 세 번째 자동차의 이런 모습을 보고 있는 셈이니 웃음이 날 만도 하다. 멋쩍어진 나는 아마도 북어 대가리가 그리웠던 모양이라며 에둘러 말을 돌렸다.

김 부장의 약품을 묻힌 손이 흠집 난 부분을 닦기 시작했다. 내 눈빛에 잔뜩 힘이 들어갔다. 조금씩 흠집이 지워져 나갔다. 3분쯤 지났을까? 말끔해졌다. 내 코발트 빛 애마의 유려한 허리가 8월의 태양 빛을 받아 화려하게 반짝이기 시작했다. 김 부장의 “질 지워졌네요, 다행입니다.” 하는 한마디에 나는 크게 허리를 굽혀 인사했다. 이건 90도짜리 인사로는 당치도 않다는 생각이 들었다. 아마도 110도는 되었을 것이다. 아니 120도였을까?

내 절을 받은 김 부장이 크게 웃었다. 핸들을 잡고 집으로 돌아오는 길 내 손이 핸들 위에서 춤을 추었다. 고고, 디스코, 힙합 등등 모든 장르가 믹싱된 신나는 손동작에 나도 모르게 엉덩이도 들썩들썩, 육이오 난리는 난리도 아니라는 말을 이런 때 쓰는 것이리라. 아까의 그 아쉬움은 흔적도 없이 사라져 버렸다. 이 정도면 자동차에 대한 내 애정 표현이 지나친 편일까?

20대의 푸르고 풋풋했던 날, 그는 내가 자신을 사랑하지 않는다고 생각해서 떠났다고 했다. 사귀는 동안 한 번도 사랑한다고 말하지 않았다는 게 그 이유이다. 그걸 꼭 말로 해야 아느냐는 내 항변에 그는 아무 말도 하지 않았다. 그때 지금 내가 자동차에 보내는 관심처럼 마음 설레는 표현을 할 수 있었다면,… 글쎄, 알 수 없는 일이다.

자동차의 허리에 난 흠집처럼 희미해져 버린 옛사랑의 상처가 아련히 떠오름은 왜일까? 그는 내가 그런 낯간지러운 표현을 자동차 같은 종류에나 할 수 있는 사람임을 몰랐던 거다. -「흠집」 중에서

결말의 주제 형상화가 돋보이는 작품이다. 평범한 말 같지만 많은 말을 행간에 담고 있는 결말이 양호인 이라는 수필가의 면모를 함축적으로 담아내고 있다.

아픔을 천착하지 않고 평범한 듯 담아내는 재주

양호인 역시 부모님과 가족에 대한 지극한 사랑을 그의 작품에 애잔하게 담아내고 있다. 그런데 그 표현이 대부분의 경우처럼 천착하지 않고 담담히 그저 일상이듯이, 어찌 보면 흘려 지나가듯이 표현하고 있는 것이 특징이다. 여덟 살 어린 나이에 떠나

보낸 아버지에 대한 기억을 마치 한 장의 삽화처럼 담아내는가 하면 어머니의 추억을 제주의 독특한 밭담이라는 구조물을 끌어 들여 잔잔하게 그려내는 구성과 표현이 일품이다.

아버지가 돌아가시던 날, 안방에서 할머니의 통곡 소리가 들리고 엄마의 눈시울이 빨갛게 타오르게 하던 속울음이 기억난다. 내 나이 여덟 살, 충분히 기억해낼 만도 한데 내 기억의 창고에 아버지의 모습은 존재하지 않는다. 아주 짧은 순간들, 한 겨울날 마루 한가운데 화롯불에 댕유자에 꿀을 넣고 따끈하게 끓여주시던 모습, 그마저도 얼굴은 보이지 않는다. 그래서 이맘때 아버지의 제삿날의 내 마음은 슬픈 건지. 외로운 건지, 원망스러운 건지 잘 모른다. 매년 그날이 되면 눈이 내리거나 비바람이 거칠었던 기억뿐.

-「때」 중에서

돌이 많은 제주도에서 농사지을 만한 땅으로 만들기 위해 돌을 걷어내야 하는 혹독한 과정을 거쳐 한 뙈기밭을 일구는 엄마의 지난날을 회상하며 그리움을 담아내는 「엄마의 밭담」은 가슴 깊이 파고드는 그리움과 사경적 표현으로 독자를 매료시킨다.

마치 봄인 듯 따사로운 햇살이 반겨주는 새벽 다랑쉬 오름을 올랐다. 제주시 구좌읍 송당리와 세화리에 걸쳐 있는 원뿔 모양의 다랑쉬 오름(382.4m)은 산세가 가지런하고 균형이 잡혀 있어 '오름의 여왕'이라 할 만큼 우아하다. 한복 치마를 벌려 놓은 듯 가지런한 외형이 아름답고 갖가지 들풀과 눈을 마주하며 정상으로 오르는 가르마 같은 정다운 길은 보는 이로 하여금 절로 탄성을 자아내게 한다. (중략)

높은 곳에 올라 눈앞에 펼쳐진 밭담을 보노라니 만감이 교차한다. 아버지가 돌아가시고 가세가 급격히 기울어 갈 때이다. 건지머슬에 있는 밭 중, 바깥쪽의 커다란 밭은 남의 밭이 되었고 안쪽의 작은 밭만 남았다. 통로가 막혀 버린 그 밭을 드나들며 엄마는 남의 밭이 되어 버린 그 밭을 이용하기 싫어하셨다. 옆 밭의 한쪽 구석을 이용하거나 주로 울퉁불퉁하여 걷기조차 힘든 베케를 이용하곤 하였다.

그 건지머슬의 밭담(베케)에는 봄이 되면 인동꽃이 지천으로 피어, 엄마가 계시는 밭을 찾아가던 조무래기였던 나의 조그만 간식 밭이 되기도 하고, 소꿉놀이 장소가 되기도 하였다. 봄볕이 무수히 쏟아지던 봄날, 엄마가 일이 끝나기를 기다리며 동생과 놀다 지쳐 까무룩히 잠이 들던 곳이기도 하다. 엄마의 슬픔 따윈 생각조차 못했던 철없던 내 어린 시절이 이제야 새삼 아픔이 되어 되살아남은 엄마의 그 마음을 이제야 깨달았기 때문이다. 막냇동생의 과수원이 된 돌무더기가 지천이었던 앞동산 밭도 엄마의 손과 치맛자락, 곡괭이와 호미로 그 많은 돌을 다 주워내고 깔끔하게 정리된 과수원이 되었다. 이제는 둘 다 남의 밭이 되어버려 가 볼 수조차 없게 되어 버린 엄마의 밭담들을 가슴 가득 한껏 담아내어 그려본다.

인고의 세월 동안 흑룡의 뼈처럼 꿈틀거리며 수만 리를 쌓아온 밭담들을 바라보며 엄마의 숨결을 느낀다. -「엄마의 밭담」 중에서

발랄한 기지와 재치 있는 표현으로 독자를 매료시켜

수필에서 빼놓을 수 없는 것이 해학과 풍자이고 기지와 재치이다. 양호인은 낙천적인 성품답게 그의 글에서 유머를 쉽게 만날 수 있다. 거기에 기지와 재치가 더 해져 글을 풍성하게 해준다. 위기에 처했을 때 아슬아슬한 장면에서 재치 있게 빠져나오는 그를 보면서 미소가 절로 번질 수밖에 없는 것은 독자로서는 큰 기쁨이 아닐 수 없다. 순발력이 돋보이는 작품들이 많은데

미 군용 칼을 사 오는 내용이나 제주 시장에서 제주 출신답게 사투리를 구사하는 순발력으로 갈치를 싸게 사들이는 장면들은 독자를 한껏 웃게 만들어 준다.

성산항으로 갔다. 이미 경매는 끝나버렸다. 어쩔 수 없이 경매받아 손질 중인 몇 안 되는 상인에게 접근했다. 제주의 은갈치, 은색으로 찬란하게 빛난다. 일행이 얼마냐고 묻는다. 얼른 눈빛으로 제지했다. 이럴 땐 사투리 좀 써 줘야 한다. 제주도 사투리로 얼른 나섰다. "그냥 먹을 건디 양 싼 거 어수 강?", "짝으로 배끼 어수다." "몇 마리만 주면 안 되어 마씸, 안 되주게, 경허민 상품이 안 되어 부러. 시장 강 삽써." 그때 바닥에 늘씬하게 드러누운 갈치가 보였다. "저건 뭐 우꽈? 아 그거라도 사가 크민 가져 갑써, 2만 원만 냅 써. 그 옆이 창지 나온 것도 드리쿠다." 얼른 그러라고 했다. 맘씨 좋은 아주머니는 이름을 알 수 없는 생선 두 마리도 덤으로 준다. 바다에서 갓 건져 올린 갈치인데 생채기가 좀 나면 어떤가. 생선이란 모름지기 싱싱하면 그만인데. 비닐봉지에 얼음까지 채워진 갈치꾸러미는 그렇게 우리 손에 단돈 2만 원에 제법 실한 놈이 세 마리나 들어왔다.

-「무밭의 파수꾼」 중에서

염색을 하면서 학창시절 머리 길이 검사를 받던 때를 소환해서 빚어낸 맛깔스런 수필, 「머리카락에 대한 소회」에서 작가의 기지를 만나고 잔잔한 회고를 함께 하는 것은 마치 샛별이 눈앞에서 반짝하고 지나가는 감흥을 맛볼 수 있다.

우선 머리카락이 잘리지 않기 위해서는 특별한 조치가 필요했다. 물이 있으면 금상첨화지만 갑자기 들이닥친 상황에 물이 있을 리 만무하다. 우선 손바닥에 약간의 침을 바른다. 그 손으로 머리끝을 살짝살짝 밀어 올리고 고개는 살짝 앞으로 수그린다. 그러면 곱슬머리인 내 머리카락은 약간의 요술을 부릴 수 있다. 끝이 조금씩 구불거리며 올라붙어 선생님이 갖다 댄 자의 눈금 수를 훨씬 줄일 수 있다. 그렇게 약간의 눈속임으로 위기를 모면한 내 머리는 무사히 검열을 통과하며 선생님께 뒤통수를 살짝 얻어맞는 것으로 끝난다. 어느 날은 선생님이 눈을 찡긋하며 너는 봐준다는 신호까지 주신다. 그날의 기분은 천당과 지옥을 수시로 오가는 셈이다. (중략)

염색약 이거 좀 한 번 하면 평생 가는 거 안 나오나? 혹시 염색약 개발자들은 모두 까망머리일까? 평생 가는 약을 만들어 내지 않는 것을 보면. 그래도 이제 파마는 안 해도 되니 참 다행이다. 살다 보니 이런 날도 온다. 기다림의 시간은 참으로 값진 것이다.

이미 40년 전에 하늘나라로 가신 교련 선생님이 내 머리카락을 보신다면 어떤 표정이실까? 한라산 등반길에 조그만 녀석이 아주 잘 걷는다며 칭찬해 주시던 음성이 아직도 귓전에 들리는 듯하다.

-「머리카락에 대한 소회」 중에서

애국심은 소신으로 승화시켜

시사적인 글감을 잘 다루어서 감정적이지 않게 써 내려간다. 「프로방스의 떠돌이」는 민감한 원전 기술자들의 근황을 글감으로 하면서도 여행지의 광경에 섞어서 문제점을 꼭 집어 지적하는 촌철살인의 표현을 쓰고 있는 점을 주목해볼 만하다. 수필에 거대담론을 담을 때 어떻게 접근해야 하는지를 잘 보여주고 있는 것이 양호인 수필의 또 하나 장점이다. 여행지에서 우연히 김치찌개를 끓이는 여행객과 우리의 떠도는 원전 기술자들의 만남을 글감으로 해서 엄청난 이야기를 압축해서 서정 속에 녹여 넣은 구성과 표현은 가히 일품이다.

사랑을 자연스레 작품의 기저로 까는 수필가

양호인은 가족사랑, 이웃사랑, 나라사랑, 자연사랑을 작품 기저에 깊숙이 깔고 있는 수필가다. 아들, 며느리, 손녀, 이웃, 동료, 나라에 대한 사랑은 말할 것도 없고 자신의 일에 대한 열정과 사랑도 모두 보듬어 안고 사는 작가이다.

짧은 평으로 한 작가를 어찌 다 말할 수 있으랴. 어느 작품에서 예문을 뽑을까? 몇 번을 뒤척이며 뽑고 또 뽑았지만 아쉬움이 많이 남는다. 어느 작품하나 태작이라 할 만한 것이 눈에 잘 들어오지 않았다.

수필이란 작가 자신의 체험에서 글감을 찾고 쓰는 글이어서 독자 또한 자신의 경험세계에 대입시켜가며 읽게 되는 글이 아닌가 한다. 독자 개개인의 체험세계가 다르므로 감동이 오는 글들이 다 다를 수도 있다. 독자와 작가의 경험 세계가 비슷하면 더 많은 공감을 느끼고 감동을 크게 받을 수 있지만 양호인의 글은 그 차원을 뛰어넘는 공감대 형성을 이루어 내는 수작이라고 생각되어 일독을 추천한다.

나를 보는 나

2023년 3월 25일 초판 인쇄
2023년 3월 30일 초판 발행

지은이 / 양호인

발행인 / 강병욱
발행처 / 도서출판 교음사

03147 서울 종로구 삼일대로 457 수운회관 1308호
Tel (02) 737-7081, 739-7879(Fax)
e-mail : gyoeum@daum.net
등록 / 제2007-000052호

* 잘못된 책은 바꿔 드립니다. 값 13,000원

ISBN 978-89-7814-926-6 03810